1930.

"起来!"
我们的国歌

黄天 著

生活·读书·新知三联书店

本书原由三联书店（香港）有限公司以书名《"起来！"我们的国歌》出版，现经由原出版公司授权生活·读书·新知三联书店在内地独家出版、发行。

图书在版编目（CIP）数据

"起来！"我们的国歌／黄天著．—北京：生活·读书·新知三联书店，2019.9
ISBN 978 - 7 - 108 - 06570 - 4

Ⅰ．①起…　Ⅱ．①黄…　Ⅲ．①国歌－中国－通俗读物
Ⅳ．① D621.6-49

中国版本图书馆 CIP 数据核字（2019）第 067191 号

责任编辑　胡群英
装帧设计　蔡立国
责任校对　曹忠苓
责任印制　宋　家
出版发行　生活·讀書·新知 三联书店
　　　　　（北京市东城区美术馆东街 22 号 100010）
网　　址　www.sdxjpc.com
图　　字　01-2019-1198
经　　销　新华书店
印　　刷　北京图文天地制版印刷有限公司
版　　次　2019 年 9 月北京第 1 版
　　　　　2019 年 9 月北京第 1 次印刷
开　　本　880 毫米×1230 毫米　1/32　印张 6.25
字　　数　130 千字　图 87 幅
印　　数　0,001－8,000 册
定　　价　48.00 元
（印装查询：01064002715；邮购查询：01084010542）

田汉（右）和聂耳合创《义勇军进行曲》

聂耳最后审音定稿的《义勇军进行曲》手稿

目录

代序

国歌多从战火来

国歌，是一个国家全体国民团结奋进之声，故有"国之第一歌"之称，具有神圣、庄严的声音形象，同时也是国家的象征。所以每个国家都非常重视维护自己的国歌，甚至立法保护，教育国民从小学会尊重、维护和唱好国歌，而且不但懂得尊重自己的国歌，还要懂得尊重其他国家的国歌。现代社会，各种形式的交往日趋频繁，而国与国的外交活动、文化交流和体育竞赛均会互奏国歌，既是礼仪，又是尊重。这时，与会人士必须起立，举止庄重，表现出现代人的礼仪风度。

其实，任何一个国家的国歌都应该受到尊重，因为每首国歌都有很不平凡的故事，深受该国人民的喜爱和拥护，是经过千挑万选的。同时，许多国歌在最初面世时，是反侵略、反压迫的卫国之歌，又或者是反专制、反腐败政府的革命战歌。

荷兰国歌《威廉颂》，被推为世界上最古老的国歌，它就是一首战歌，歌颂荷兰国父威廉·范·奥兰治（William van Oranje Nassau，1533 — 1584 年）。威廉·范·奥兰治虽是贵族出身，但他不想长期受制于西班牙的殖民统治，便带领荷兰人民起来争取独立。反镇压的战争爆发，但威廉·范·奥兰治的独立军被击败，他逃到邻国。翌年（1568年），威廉·范·奥兰治东山再起，联合更多反殖民的组织，展开抗击。1578年，他们终于夺取了荷兰北部七个省，遂对外宣布独立，而威廉·范·奥兰治便成为荷兰共和体制的开国之父，备受颂扬。在独立战争期间（1568—1578年），已有诗人写成十五节歌词，用各节第一个字母组合成威廉的名字，然后配上一支已经流行的法国军曲来奏唱，声调雄壮，很能激励士气，早已深入人心。荷兰独立后，便将人人爱唱的《威廉颂》定为荷兰国歌。歌词中有：

　　我一心忠于祖国直到生命告终 …… 我的行动听命于你，我的信仰决不放弃；永远保持虔敬，永远为你效力，去驱逐凶恶的暴君，他践踏我的心。[1]

　　国歌能振奋人心，团结各个阶层，凝聚力量，很多国家有见及此，纷纷仿效荷兰，制定自己的国歌，提升国家形象。

　　英国的国歌约诞生于18世纪40年代，背景亦是与西班牙作战，取得胜利后由亨利·凯里作曲庆贺。后来这首曲填上词，名为《天佑吾王》，被选定为英国国歌。当英国的君主为女性时，就会改称《天佑女王》。在大英帝国的全盛时期，除英伦三岛外，其治下的自治领、殖民地、领地、托管地和保护国都会奏响《天佑吾王》。因为有这样的渊源，后来有些国家

1　参考紫茵：《我们的国歌》，上海音乐出版社，2015年。

虽已脱离英国独立，仍然用《天佑吾王》为国歌。也有一些国家另创一首新歌，与《天佑吾王》并列成为双国歌。而《天佑吾王》的曲调，又曾被很多国家另外填上歌词，成为他们的国歌，如沙皇俄国、德意志第二帝国，就连美国以前的国歌《亚美利加》也使用的是《天佑吾王》的曲调。

法国国歌《马赛曲》，在国际上被誉为几首最动听的国歌之一。同时，《马赛曲》亦是一首典型的饱历战火的军乐曲。作曲填词出自才华横溢的鲁日·德利尔（Rouget de Lisle，1760—1836年）。德利尔出身贵族，毕业于皇家工程学校。他醉心于艺术，爱好写诗，又是一位作曲家。

1789年，法国大革命爆发。这是一场大规模的全国性民众运动，目的是要推翻王室政权，打破旧秩序。革命运动席卷整个法国，震动整个欧洲。其他君主国家担心受到影响。1792年，奥地利便和普鲁士组成联军干涉大革命，令形势逆转。正在斯特拉斯堡任军事工程师的鲁日·德利尔为鼓舞士气，创作了《莱茵河军队战歌》，表达出法国人民为争取民主、反对暴政敢于勇往直前的革命意志。当时，马赛营的志愿军高唱着这首战歌向巴黎进发，歌词是鼓励人心的："前进，祖国的儿女，光荣的时刻已来临……同胞，投身到战场去。前进！前进！"所以后来将《莱茵河军队战歌》改称为《马赛曲》，并于1795年定为法国国歌。法兰西第二帝国（1852—1870年）将《马赛曲》废弃。到了1879年，第三共和国再恢复为国歌，沿用至今。

美国的国歌也有其悲壮的一页，时代的背景是美国第二次独立战争。

　　1812 年 6 月 18 日，美国向英国宣战。初期，美军在海战方面稍为占优。但至 1814 年局势逆转，出现危机，英军攻陷首都华盛顿，将白宫焚毁。同时，英军舰队已逼近巴尔的摩港，以收夹击之效。巴尔的摩港距华盛顿仅四十一英里（六十多公里），是首都海防的一道屏障，所以早于 1803 年在港口东南的一个小岛上就构筑了坚固的麦亨利堡，扼守着海口。当时的指挥官乔治·阿美斯特德特意缝制了一面特大的星条旗（美国国旗），高高地升挂在城堡之上，以激励将士拼死守城护旗。是年 9 月，英舰向麦亨利堡发炮狂轰，试图攻破城堡。其时，美国律师弗朗西斯·斯特科·基（Francis Scott Key，马里兰州人，1779 — 1843 年）因为要营救被英国舰队扣留下来的平民和他的一位医生朋友，勇敢地登上英舰，展开交涉，请求释放一众人等。最终英方答应所求，但要在战事之后才可释放，因为这些人看见过英军的列阵情况和大量数据。而弗朗西斯也须留在舰上。8 月 13 日凌晨，一阵炮声过后，弗朗西斯透过炮火的一缕缕硝烟，看到堡上的美国星条旗正迎风招展，不禁大为感动，热血沸腾。素有文学修养热爱写诗的弗朗西斯，急忙找了一张信纸，将那一刻的所见所感所想化为短短几行诗，讴歌星条旗。这一役，英国舰队无法攻下巴尔的摩港。到了年底，美英结束战事，缔结《根特和约》。

　　战后，弗朗西斯把《星条旗诗》寄给好友尼科尔逊法官，分享诗作。尼科尔逊受诗篇感动，大加赞赏，建议用一首当时十分流行的曲子 Anacreon in Heaven（《阿纳克里翁在天上》）

来作配曲，取名《星条旗之歌》。该曲原创者是英国人约翰·斯塔福德·史密斯（John Stafford Smith，1750—1836年），他既是作曲家，也是男高音歌唱家。他作曲的 *Anacreon in Heaven* 本来已经十分流行，配上《星条旗诗》之后，美国人对之更加热爱，感情十足地传唱，成就不朽名曲，他亦因此曲而留名。经过一百多年的传唱，1931年美国国会正式将《星条旗之歌》定为美国国歌。

美国国歌共有四节，通常只唱第一节。弗朗西斯的歌词有几个中译本，今摘引其一：

啊！在晨曦初现时，
你可看见是什么让我们如此骄傲？
在黎明的最后一道曙光中欢呼，
是谁的旗帜在激战中始终高扬！
火箭红光闪烁，炸弹隆隆作响，
我们看到要塞上那面英勇的旗帜，
在黑暗过后仍然耸立！
啊！你说那星条旗是否会静止，
在自由的土地上飘舞，
在勇者的家园上飞扬！

来自烽火硝烟的国歌当然不止上举之数，而我们的国歌也是诞生在隆隆的炮火声中，其曲折回环、壮怀激烈处，较之《马赛曲》和《星条旗之歌》犹有过之而无愧。

中国国歌的原创是为电影《风云儿女》的主题歌而作的《义勇军进行曲》。这首《义勇军进行曲》是由曾经留学日本的田汉和年仅二十三岁的青年音乐家聂耳合创的。其时，正值日本侵华，东北三省和热河已告失陷，上海则笼罩在白色恐怖中，危机四伏，一片肃杀之气。这时，田汉的剧本全稿未书成，歌词墨迹犹未干，便已被拘入狱；聂耳闻得追捕声，避走日本，刚谱定曲子便不幸魂断绿波。他们的战友忍着泪水，将电影摄制完成，把《义勇军进行曲》录制好，冲开云雾，电影、唱片齐上场，《义勇军进行曲》雄壮的歌声迅速传开，唱遍中华大地，响彻长城内外，远扬至南洋诸岛，更飞越太平洋，在美国传唱。著名黑人歌手保罗·罗伯逊（Paul Robeson，1898 — 1976年）还学会用中文来高唱，并灌录成黑胶唱片。"二战"后，日本藤泽市为写下大量抗日歌曲的聂耳竖立了纪念碑。

《义勇军进行曲》诞生于中华民族"最危险的时候"，振起了民族魂，旋律跨越世代，成为不朽名曲，又几经波折，历经考验，终于成为中华人民共和国国歌不二之选。

满载着一桩桩感人事迹的《义勇军进行曲》，就是那么教人荡气回肠，浮想联翩。

序章

清末民国频换国歌

历史回眸，重看近代史，西方的科学技术、经济文化确实着着领先东方，逐渐形成由西方主导的格局并确立了好些国际准则。当然，这些西方准则并不一定放诸四海而皆准，因为东方和西方始终存在着文化差异和价值观的不同，总会有抗拒甚至发生冲突。但有些事物，经过一段时间磨合，求同存异，渐渐成为各方接受的公约或惯例。其中能够团结人民、振奋民心、代表一国之声的国歌，常在国与国之间的交往中奏响，体面而具威仪，自然受到各国的赞许和认同，遂纷纷仿效选定自己的国歌。

晚清急就章的国歌

清末西学东渐，清政府也曾推行洋务运动。其中热衷者曾纪泽（1839 — 1890 年，曾国藩长子，在与俄国订立《中俄伊犁条约》的谈判中，成功收回伊犁九座城市及特克斯河流域附近的领土），自学而通晓英语，奉使英法俄前后共计八年半，深刻明白近代西方文明远超中国。他回国后，曾奏请朝廷效西方国家制定国歌，并草拟了《国乐草案》，建议将乐名定为《普天乐》。但草案未为当权者垂青，因而被弃置。

追光绪二十二年（1896 年），俄国新皇尼古拉二世加冕。欧美各国按西方仪礼派遣亲王、大臣或高官赴俄申贺。清廷也跟随国际礼仪，简派七十四岁老臣李鸿章出使赴俄恭贺，并洽谈中俄密约，再历访欧美诸国。由于李鸿章此行所领的头衔是"头等钦差大臣"，有代君行事的尊贵地位，因而所到之处皆以

1896 年李鸿章外访欧美，图为李鸿章乘船抵达伦敦

元首之礼相待。在欢迎仪式中，按照礼仪会演奏宾主两国的国歌。但清廷尚未赶上潮流，还未定有大清国国歌。为免场面尴尬，李鸿章来个急就章，与随员商定一首清宫雅乐，然后配上唐朝诗人王建的七绝（"金殿当头紫阁重，仙人掌上玉芙蓉。太平天子朝天日，五色云车驾六龙。"）权充大清国歌。这不过是李鸿章外访欧美各国时即兴顶替之作，是未经御准、法定的，不是真正的大清国歌，只能称作"李中堂乐"。按当时的律例，这首乐曲没有上呈御准，是会招罪的。尤幸李鸿章选的诗句是歌颂天子、朝廷的，也就不获追究，更被默许了一段日子，曾在一些重要的外事活动中演奏起来，继续权充顶替。

后来，清廷改革军队编制，学习西方国家成立陆军部，谱写了陆军军歌《颂龙旗》。歌词颂扬帝国的强大威势：

于斯万年，亚东大帝国。山岳纵横独立帜，江河漫延文明波；四百兆民神明胄，地大物产博。扬我黄龙帝国徽，唱我帝国歌！

正因为此，在1906年以后，这首陆军军歌被清廷拿来在国事外交中演奏，亦是权充一时的代国歌。[1]

腐败的清廷已是江河日下，岌岌可危。爱新觉罗皇家一族迫于无奈，于光绪三十一年（1905年）派五大臣出洋，毫不讳言"力求变法，锐意振兴"，寻求"起衰弱而救颠危"之

---

1 紫茵：《我们的国歌》，33页。

10 "起来！"我们的国歌

清政府的第一首法定国歌《巩金瓯》

法。戴鸿慈和端方等五大臣奉旨出使九国，主要考察宪政，并及工业生产和教育等方面。五大臣出使回来，上奏直言，"不避斧诛，合词吁恳"，请立即着手制定宪法。但如果制定宪法，一定会削弱君权，皇室一族当然不会那么轻率答应，于是就使出拖延手法。这么一来，更加成为革命党人倒清的一大口号。宣统二年（1910年），各省督抚及资政院奏请颁行宪法，组织内阁，速开国会。已是苟延残喘的清政府，唯有宣布三年后召开国会。翌年（1911年），为迈向新宪制，先行降旨谕令制定国歌。其后，交由曾留学英国并翻译了《天演论》的严复（1854—1921年）作词，爱好戏曲的溥侗编曲，再由郭曾炘修订制谱，合创成《巩金瓯》。是年10月4日，清廷赞誉《巩金瓯》"声词尚属壮美，节奏颇为叶和"，即颁令为大清国歌。这也是中国第一首法定的国歌。歌词是：

> 巩金瓯，承天帱，
> 民物欣凫藻。
> 喜同袍，
> 清时幸遭，真熙皞，
> 帝国苍穹保，
> 天高高，海滔滔。

词意是：巩固国土完整，荷蒙上天覆被，百姓欢欣愉悦。喜见同胞幸遇清平盛世，和乐安居，心情欢畅。大清帝国仰赖上苍保佑，如天之高、海之深那样永久无尽。

只是大清气数已尽，上天也不再眷顾了。作为中国第一首法定的国歌，《巩金瓯》在颁布之后仅仅六天，就随着 10 月 10 日武昌起义而告退场。《巩金瓯》华丽一闪，也许还来不及为国事活动登过场，便告曲终人散！

民国北洋政府频换国歌

1912 年 1 月 1 日，中华民国临时政府在南京成立，孙中山就任临时大总统，指示教育总长蔡元培向公众征求国歌。2 月，匆匆选出沈恩孚作词、沈彭年作曲、取名《五旗共和歌》的应征作品为临时国歌。"五旗"是五色旗的简称，因为孙中山

中华民国早期的国旗五色旗（1913
年明信片，笔者藏）

提出汉、满、蒙、回、藏"五族共和"论，遂以红黄蓝白黑五色旗为国旗[1]。这《五旗共和歌》的歌词是：

> 亚东开化中华早，
> 揖美追欧，旧邦新造。
> 飘扬五色旗，
> 民国荣光，
> 锦绣河山普照。
> 我同胞鼓舞，
> 文明世界，
> 和平永保！[2]

但这首《五旗共和歌》亦和《巩金瓯》一样，很快就奏不起来了。因为 1912 年 3 月 10 日袁世凯窃取临时大总统之位，在北京另搞一套，《五旗共和歌》当然也被弃置一旁。回看"旧邦新造"那句歌词，似有点诡谲，其语意和"旧酒新瓶"颇相近，这不正是袁世凯所要的花招吗？

北洋政府成立后，于 9 月 20 日再度公开征求国歌，但都没有合适的歌曲。到了 1913 年 2 月，教育部第三次刊布《请撰

---

1 1912 年 1 月 28 日，中华民国临时参议院审议各项提案时，决议以五色旗为国旗，象征汉、满、蒙、回、藏"五族共和"。1920 年 11 月 25 日，孙中山在广州重组军政府，被推为非常大总统时宣布废用五色旗，颁定青天白日满地红为国旗。1927 年 4 月 18 日，南京国民政府成立，通过青天白日旗为中华民国国旗。

2 参见李静：《民国国歌〈卿云歌〉的诞生与争论》，《文艺研究》2007 年第 3 期，100 页。

国歌书》征集歌词，同时专恳博学之士撰写。后来收到章炳麟（太炎）、张謇（季直）、钱恂（念劬）、汪荣宝（衮甫）四家的回件。

国学大师章太炎拟的歌词是："高高上苍，华岳挺中央；夏水千里，南流下汉阳。四千年文物化被蛮荒，荡除帝制从民望。兵不血刃，楼船不震，青烟不扬，以复我土宇版章，复我土宇版章。吾知所乐，乐有法常。休矣王族，无有此界尔疆。万寿千秋，与天地久长。"[1]

据国会公议的结果，"章之作近于郁勃悱恻"，没被选上。

张謇拟的歌词分作三段。首段"仰配天之高高兮"有六十九字，中段为"天下为公兮"七十六字，尾段为"吾圉固、吾国昌"七十字。歌词的主旨描绘盛世和鸣，虽曾获好评，但未免古奥，亦过于冗长，最终也落选。

钱恂之作共一百三十三字，音韵佳合，但仍然是一派高古老调，不被采选。

至于汪荣宝，他没有拟写歌词，反而推荐《尚书·大传》中相传是虞舜所作的《卿云歌》。其词曰："卿云烂兮，纠缦缦兮；日月光华，旦复旦兮。"词意是：祥云灿烂，萦回缭绕；日月光辉，长久无止。但另外有一种解释，指尧舜私自让位，也有将君位作私有的一种意指。为了加强表示尧舜不以天下为一己之私，能够让位贤者，汪荣宝在后面接上两句："时哉夫，天下非一人之天下也。"于是新的《卿云歌》便写成：

---

1 李静：《民国国歌〈卿云歌〉的诞生与争论》，《文艺研究》2007 年第 3 期，101 页。

卿云烂兮，纠缦缦兮；日月光华，旦复旦兮。时哉夫，天下非一人之天下也。时哉夫，天下非一人之天下也。

因为 4 月 8 日国会将行开院礼，须奏国歌。教育部即决定以汪荣宝所荐的《卿云歌》来充之，并聘请侨寓北京的法籍比利时音乐家哈士东（Joan Hautstone）谱曲，暂代为国歌。

民国四年（1915 年），袁世凯图谋称帝，也许他已不能忍受《卿云歌》那句"天下非一人之天下也"颇有点阻碍他当上皇帝之意，乃下令另征国歌。是年 5 月 23 日，袁世凯颁布总统令以荫昌作词、王露作曲的《中华雄立宇宙间》为国歌。歌词集中描绘中华大地、山川河岳的气势：

中华雄立宇宙间，廓八埏，华胄来从昆仑巅，江河浩荡山绵连，共和五族开尧天 [1]，亿万年。

不过，仅仅一年多，此歌随着袁世凯归天，亦告弦断曲终。

民国八年（1919 年），北洋政府教育部成立了"国歌研究委员会"，公开征选国歌。来件虽多，均未达采选要求。后来，有建议采用赵元任作曲作词的《尽力中华歌》来暂代国歌。其歌词是：

1　同年 12 月 19 日，为配合袁世凯称帝，改为"勋华揖让开尧天"。——编者注

北洋政府于 1921 年颁布《卿云歌》为国歌。

作曲者萧友梅（前右一）

听，我们同唱中华中华中华！听，君不闻亚东四万万声的中华中华，都同气、同声、同调、同歌中华中华！来，三呼万岁中华中华！中华！……

歌词共一百五十八个字，"中华"一词共二十七个，重复得太多了，而且词意肤浅得幼稚，所以很快就被叫停。此时，章太炎反提出重用《卿云歌》的歌词，然后征曲成为新国歌。

1920 年 3 月，萧友梅[1] 从德国留学回来，即被选入"国歌研究会"。同时，教育部邀请萧友梅、王露、陈仲子、吴梅分别作曲，以便甄选。萧友梅曾撰文指出《卿云歌》的歌词过于高古深奥，不宜用作国歌的歌词。但他表示仍然会尽量使用西洋作曲手法谱写。最终他提交了 E 大调 4/4 拍共十六小节的曲谱。经教育部等多方审听，认为曲调庄严高雅，通过了采选，提请北洋政府国务会议通过。于是由萧友梅作曲的《卿云歌》便正式颁定为国歌，从 1921 年 7 月 1 日起通行全国。但这首国歌传唱到 1928 年，也紧随北洋政府的垮台而废止。[2]

1　萧友梅（1884—1940 年），音乐教育家、作曲家和音乐理论家。字雪明，号思鹤。五岁，随父迁居澳门，因而有机会接触到西洋音乐。其后，东渡日本留学，考进东京帝国音乐学校，选修钢琴及声乐。1909 年毕业回国，曾被清廷授以在"学部"（相当于现在的教育部）做"视学"。1912 年底再赴德国深造，考入莱比锡音乐学院，以优异成绩取得博士学位。回国后，先后主持北京女子高等师范学校和北京大学的音乐系。1927 年，获蔡元培的支持，在上海创办国立音乐院（上海音乐学院的前身）。在那十年的黄金时代，培养了两百多名著名音乐家。萧友梅创作了《国难歌》《国民革命歌》《国耻》《从军歌》等爱国歌曲，以及我国第一首大提琴独奏曲《秋思》等。

2　参见于波：《"教父"萧友梅》，收录在《民国音乐：未央》，北京：东方出版社，2013 年，47–48 页。

国民党党歌兼作中华民国国歌

辛亥革命后，袁世凯窃据大总统之位，还图谋称帝。孙中山遂发动"倒袁"的第二次革命。后来，孙中山在广州建立大元帅府，策划出兵北伐，推翻北洋政府。为此，需要建立一支直属于中国国民党的军队；首先开办军校，以培养有革命理念又能带兵的干部。1924年6月16日，广州陆军军官学校正式开学。据说，孙中山的老同志和秘书都忙着为典礼的开幕词费思。有人提议撰写训词，以鼓励学员努力学习，将来为国家承担更大的责任。胡汉民、戴季陶、廖仲恺、邵元冲皆饱学能文之士，乃聚室集思。胡汉民首先提笔，写出："三民主义，吾党所宗。"接着戴、廖、邵诸公也一人一句地凑起来，合撰成：

> 三民主义，吾党所宗。
> 以建民国，以进大同。
> 咨尔多士，为民前锋。
> 夙夜匪懈，主义是从。
> 矢勤矢勇，必信必忠。
> 一心一德，贯彻始终。

训词稿送呈孙中山审阅，他大为赞赏，即嘱胡汉民誊正，作为训词。开学典礼那天，孙中山以"革命军的基础在高深的

1924 年 6 月 16 日，孙中山在广州陆
军军官学校成立典礼上致辞，并公布
"黄埔军校训词"

学问"为题致辞，后由胡汉民宣读以上训词。**1**

这篇训词乃四言韵文，一般称为"黄埔军校训词"，或称"黄埔官校训词"，简称"黄埔训词"；又因孙中山是中国国民党总理，故又称"总理训词"。

1928 年，国民革命军北伐成功，南北统一。国民政府委员戴季陶建议将"黄埔军校训词"用作"中国国民党党歌的歌词"，冀使党员和黄埔军校师生不忘总理（孙中山）教诲，为实现三民主义而奋斗。至于曲谱，再公开征集甄选。

1928 年 11 月 28 日，国民党中央常务委员会议决定组成"党歌曲谱审查委员会"，成员有蒋介石、蔡元培、谭延闿、胡汉民、吴敬恒、张人杰、孙科、戴季陶、叶楚伧和教育部部长蒋梦麟共十人**2**，并在报刊上刊登征求党歌曲谱，以配合孙中山先生的训词。

征求曲谱的消息传开后，跃跃欲试的音乐人不少，其中留学日本、毕业于东洋音乐学校的程懋筠，也思一试。

其时，程懋筠自日回国才两年，正获聘为南京中央大学艺术教育专修科的系主任，兼任声乐学副教授。他不善应酬，耻于阿谀奉承，教学工作不甚得意。一天，他闷在书房，打开孙中山的训词，尝试一字一字地谱曲。他尽量希望做到曲谱有韵律、有节奏，所以仔细推敲每一个乐句、每一个乐段。但谱成后，程懋筠不甚满意，将乐稿扔进废纸篓中。犹幸夫人舒文辉

1　参考台湾《师友月刊》1989 年 8 月刊出的庄正所著文章，57 页。

2　参见丁丽丽：《"艺术至上"程懋筠》，收录在《民国音乐：未央》，168 页。

在打扫书房时，从废纸篓中捡出乐稿，细阅之下，觉得曲谱庄严肃穆，别有一番浩然之气。于是，她便重新誊抄一份，悄悄地寄去参选。[1]

应征的曲谱共有一百三十九首，评选的办法是由合唱团在幕后逐一演唱参选的曲谱，评委们在台下聆听，然后打分、表决。经过精选，有四首进入决选。12 月 28 日的审听会上，最终选出第 80 号作品即程懋筠所作之谱为党歌曲谱。1929 年 1 月 10 日，国民党中央常务委员会决议采用程懋筠的作品为党歌，理由是曲调平和、有力，有民族意识之效果。[2]

当报刊刊出决选结果，程懋筠始悉自己曾抛弃的曲稿竟然入选为党歌，并得到五百银圆奖金，不禁大喜过望，与家人一同庆祝。

1930 年 3 月 24 日，行政院决定在国歌未制定前，暂以党歌代国歌。

但这首又称为《三民主义歌》的党歌，毕竟是一党之歌，权充国歌是一时之需，永远采用，难免有不同意见，尤其是歌词中的"吾党所宗"句，常引来非国民党人士的诟病。有鉴于此，教育部自 1930 年至 1931 年 6 月，三度行文通告全国征求国歌，共得稿件二千多篇，惜无一获选。继续征求至 1936 年，得歌词多达三千余首，仍然没有一首能达到评审委员会的标准。1937 年 5 月 20 日，国民政府五院院长会同审查，6 月 6 日

1　参见丁丽丽：《"艺术至上"程懋筠》，收录在《民国音乐：未央》，168—169 页。
2　参见丁丽丽：《"艺术至上"程懋筠》，收录在《民国音乐：未央》，168—169 页。

经中央第四十五次会议初步决定："以党歌为国歌。"到1943年，国民政府正式公布《三民主义歌》就是国歌。[1]

但新时代必换上新气象，新国歌也同时奏唱起来！1949年10月1日中华人民共和国成立，《义勇军进行曲》即成为新中国的暂代国歌，2004年更获全国人大通过，成为中华人民共和国国歌不二之选而被写入宪法。

附：被遗忘的程懋筠[2]

程懋筠（1900—1957年），生于江西省南昌。祖籍新建县，世代为清朝官宦，有"一门三督抚"的荣耀。祖父程志和是同治戊辰进士，曾参加撰修《江西通志》。父亲程时耀曾任江西省女子师范学校教员。

程懋筠生长于书香门第，自幼便能诵文作诗，雅爱音乐。1918年，程懋筠随兄长赴日本留学。父亲以科技才可救国，嘱咐二人攻读理工科。但程懋筠对理工科毫无兴趣，苦熬了三年，终转学考入东洋音乐学校，主修声乐，兼习作曲，成绩优异。1926年学成归国，即任南京中央大学艺术教育专修科的声乐副教授兼系主任。1933年初，回故乡南昌，带领音乐教育委员会推行国民音乐，编辑出版《音乐教育》月刊。在他的感召下，全国的音乐名家纷纷来稿，包括萧友梅、王光祈、赵元

1　参考台湾《师友月刊》1989年8月刊出的庄正所著文章，58页。

2　参见丁丽丽：《"艺术至上"程懋筠》，收录在《民国音乐：未央》，166—183页。

国民党党歌兼中华民国国歌

被遗忘的程懋筠

任、青主、萧而化、贺绿汀、章枚等，在音乐界造成一定的影响。他还策划出版了《音教抗战曲集》。

抗日战争期间，他又组织演出宣传抗日话剧，如《电线杆子》《泪洒晴空》等。他创作的抗战歌曲有约四十首，其中《打铁歌》极具特色，作品引入模仿打铁的"叮当叮当叮"声音，生动刻画出打铁工人一起劳动锤打的情景。原来程懋筠把敌人比喻成顽铁，一语双关："大家一心来打铁，打铁要趁热，敌人好比是顽铁，重锤猛打不要歇。"歌词诙谐、寓意深刻，引起共鸣。

然而，成为国民党党歌的作曲人，虽一度使程懋筠扬了名，但也让他的人生坎坷不平，以致身后几乎被人遗忘！

程懋筠不止一次被国民党邀请入党，他都拒绝了。1947年暑假曾赴台湾，师范学院致聘书请就任教，他没有接受，旋回上海。及至上海解放，他带病上街与民众一起迎接解放军入城。1949 年 10 月 1 日，中华人民共和国成立，他满怀激情，作曲填词，写了《新中国颂》：

> 看啊，我们的祖国真是伟大雄壮！
> 山有珠穆朗玛，
> 水有黄河长江，
> 物多地大历史久长，
> 人民勤朴又坚强。
> …………
> 努力啊努力！
> 新的中国伟大坚强！

1951 年春，程懋筠应西北师范学院之聘，西赴兰州，途经西安，脑溢血突发，留西安休养。1953 年回南京居住，仍勉力创作。1957 年 7 月 31 日，脑溢血病复发而逝，享年五十七岁。

程懋筠没有迁居台湾，台湾方面对这位既是国民党党歌又曾经是中华民国国歌的作曲者就不作详细介绍、论说，任由他淡出音乐舞台，被人遗忘。而他留在大陆，不幸早逝。又因为他曾经是中华民国国歌的作曲者，在过去只强调政治正确和阶级斗争的年代，程懋筠便得靠边站，甚至销声匿迹，空白无传。

程懋筠是一位出色的音乐教育家、歌唱家、作曲家、指挥家，他在中国近代音乐史上应该占有一席之地。今后，就让音乐更加洒脱，让音乐人陶醉在音符之中，让跳跃的音符去萦回吧！

田汉、聂耳
合创中国国歌

"九一八事变"

辛亥革命之后，日本更加密切注视中国政局的变化，曾出手拣选培植一些军阀，以成为他们的傀儡。1927 年 6 月底，田中义一首相在东京主持"东方会议"，宣称中国政局不稳，影响日本的利益，应要制定《对华政策纲领》。说得清楚点，就是要侵占"满蒙"，亦即剑指中国东北三省。

他们首先在 1928 年 6 月 4 日制造了"皇姑屯事件"[1]，将拒绝屈从交付东北权益的军阀张作霖炸死。继于 1931 年 6 月底，引发"中村事件"[2]。复于 7 月，挑起"万宝山事件"[3]。日本制造这一连串事端，就是用它们作借口，提出诸多不合理的索偿和迫使中国做出更大的退让。

1931 年 9 月 18 日晚上约 10 时 30 分，日本关东军自炸柳条湖铁路，并嫁祸于中国士兵，燃起自己的导火线，挥军攻打沈阳城，是为"九一八事变"。早有部署的日军，另一支部

1　奉系军阀张作霖因拒绝日本苛索更多的权益，令日方怀恨在心，订下暗杀计划。1928 年 6 月 3 日，张作霖由北平乘车回东北。翌晨，火车经过皇姑屯车站时，被日本关东军预埋的炸弹炸毁，史称"皇姑屯事件"。

2　中村震太郎大尉和井杉延太郎乔装为农业研究员，在大兴安岭一带进行间谍调查活动，于 1931 年 6 月 27 日被屯垦军捕获。担心中国外交积弱，恐怕经过交涉，罪证确凿的间谍会被释放，测绘的地图会被取回，于是出于民族义愤，屯垦军第三团团部即日秘密将中村等人处决。日本称之为"中村事件"。

3　1931 年 4 月，长农稻田公司强租长春万宝山农民土地，然后擅自转租给朝鲜移民耕种。7 月，朝鲜移民截流引水灌田，与当地农民发生冲突。日本警察到场"保护朝鲜人"，打伤中国的农民，更致电朝鲜的报馆，造谣中国人排斥朝鲜人，引致朝鲜各地刮起排华风。在仁川、汉城（今首尔）、平壤等地，共有一百多名华侨被杀，史称"万宝山事件"。

1931 年 9 月 18 日晚，日本关东军自炸柳条湖铁路，嫁祸于中国军队，以此为借口连夜出兵

日本占领沈阳，设立关东军司令部

1931 年 9 月 22 日，吉林沦陷

队已向长春进犯。由于当时的国民政府下令不得抵抗，以求取国联派员前来调停，因此日军在没有受到抵抗的情况下长驱直入，占城掠地。仅一个星期，即攻占沈阳、长春等三十多座城市；五个月不到，东北三省便全部落入日军手中。

东北义勇军的组成

面对铁蹄踏碾，枪炮枕视，不愿俯首为奴者泪别爹娘，弃家而逃。为避战火，这些东北难民逃往关内，流离失所，妻离子散。每当忆及故乡，他们便呜咽地唱出《松花江上》：

我的家在东北松花江上，那里有森林煤矿，还有那满山遍野的大豆高粱。我的家在东北松花江上，那里有我的同胞，还有那衰老的爹娘。九一八，九一八，从那个悲惨的时候，九一八，九一八，从那个悲惨的时候，脱离了我的家乡，抛弃那无尽的宝藏，流浪！流浪！整日价在关内，流浪！哪年哪月，才能够回到我那可爱的故乡？哪年哪月，才能够收回我那无尽的宝藏？爹娘啊，爹娘啊！什么时候才能欢聚在一堂？！

国民政府不抵抗，但民众没有束手待毙，自发组织义勇军抗敌。1933年1月出版的《摄影画报》第九卷第四第五期合刊内《东北义勇军抗日血战史》一文作了这样的记录：

以平日受民众供养器械精利、训练有素之数十万国防军，

東北義勇軍抗日血戰史

義勇軍之概況（上篇）

一 九一八瀋陽事變前

東北義勇軍雖組織於九一八事變之後。然其胚胎早種於事變之前。蓋義勇軍之主要成分為二：（一）武器（二）民族意識。中國歷年來內亂頻仍。農村破產。土匪遍地。槍械之流落於民間者。以數量言。遠過於正式軍隊。加以農民視槍械為保障安寧之利器。故保之惟恐不力。此種情形尤以東三省為著。蓋關外終年受馬賊胡匪之滋擾。故東省之中產階級的農民。均自備自衛武器。據東北各軍代表報告。三省民間所有槍枝總數達二百餘萬。有此普遍之廣大武力。始不致起「有心無力」之嘆矣。

東省土地雖廣。然自十九世紀末葉以來。無日不處於外力壓迫之下。始於俄德而日。其後日俄交迫。帝國主義之侵略。使東省人民咸有切膚之痛。因而反抗意識與民族思想漸次形成。此次九一八事變。遂不顧一切。盡量發洩。故雖迄為強敵壓迫。屢遭挫敗然然民族之敵愾心理。更為堅決。故以後日本雖無論如何行使其武力之威脅。然義勇軍之勇氣。可一時屈服。而斷不能永遠壓制。換言之。日軍一日不撤。則義軍亦一日不停止抵抗。

二 義勇軍之成立

九一八夜日軍之一陣槍炮。以平日受民供養器械精利。訓練有素之數十萬國防軍。竟不發一彈。棄國防之重責。一退瀋陽。再棄錦州。舉十數年之軍備儲藏。盡以獻敵。置三千萬民衆於不願。此時民衆之唯一出路即為自救。此義勇軍之所以成立也。其初為東北民衆抗日救國會。該會成立後。乃秘派（甲）有軍事知識人員。分赴各地智政治人員。（丙）通曉社會情形人員。（乙）熟祕密組織於各村鎮伏不動。謂之「民團」。其後又擊各方與日人作殊死戰者謂之「自衛軍」。游有「義勇軍」。「自衛軍」及「救國軍」。分之。然名稱雖

— 19 —

《东北义勇军抗日血战史》一文讲述义勇军的成立

1933 年上海出版的《摄影画报》第九卷
第四第五期合刊的封面（笔者藏）

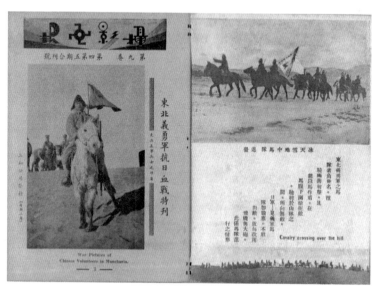

1933 年《摄影画报》第九卷第四第五期合刊为《东北义勇军抗日血战特刊》

竟不发一弹，弃国防之重责，一退沈阳，再弃锦州，举十数年之军备储藏，尽以献敌，置三千万民众于不顾。此时民众之唯一出路即为自救，此义勇军之所以成立也。[1]

"九一八事变"之后，东北民众要自救，组织起"东北民众抗日救国会"。其后，更武装起来，成立"东北义勇军"。至于最早如何打出"东北义勇军"这面旗帜，有说是黄显声参照上述救国会之名，亮出"东北民众抗日义勇军"的旗号；有说是田树森首先将抗日组织取名为"东北反日义勇军"。但大多数人认为是朱庆澜[2]于1931年9月创建了"东北义勇军"，而且朱庆澜又于1932年11月出任由北平东北民众抗日救国会与上海辽吉黑热民众后援会联合成立的"东北抗日义勇军总司令部"的总司令，直至1934年2月该总司令部解散为止。

又据义勇军的另一位将领朱霁青说："武装民众，即世人

1 《摄影画报——东北义军血战抗日特刊》（内文为《东北义勇军抗日血战特刊》，笔者藏），第九卷第四第五期合刊号，上海：摄影画报社，1933年。内收《东北义勇军抗日血战史》一文。

2 朱庆澜（1874—1941年），字子桥。原籍浙江省绍兴县。1874年出生于山东省长清县。为前清附生。历任奉天凤凰、安东、锦州知事。受赵尔巽赏识。赵入川，随往，任十七镇统制。武昌起义后，曾被推为大汉军政府副都督。旋引退。1912年，调任黑龙江省督署参谋长。1914年任黑省巡按使，为官清廉，备受东北民众称颂。1916年7月，南调至广东任省长。张勋复辟，朱庆澜首先通电声讨，并协助孙中山。1922年，受张作霖委任为中东铁路护路军总司令，兼哈尔滨特别行政区行政长官。1925年卸任，一心致力于社会赈济事业，曾募集捐款赈济鲁、豫、陕等灾民。"九一八事变"后，组织东北义勇军后援会，深得同胞和海外华侨信赖。1937年全面抗日后，更积极组织募捐，救济各地难民。1941年1月13日在西安病逝。（参考田子渝、刘德军主编《中国近代军阀史词典》及王俯民编著《民国军人志》）

曾组织东北抗日义勇军
后援会的朱庆澜

所说的义勇军，所以东北武装民众，即'东北义勇军'。"[1]

义勇军的成员一半以上是农民，四分之一是不服从军令的官兵，另有矢志救国的知识分子，也有省悟反正的土匪山贼。早期的义勇军，黑龙江省马占山统率骑兵十余旅，约二十五万人，李海青则有二万余人；吉林方面丁李（丁超、李杜，丁超于1933年1月投降日军）的部队约有十五万人，其中冯占海所部骑兵五旅、步兵四旅、炮兵一团，大刀四千，合约七万人，王德林所部也有三万五千人。辽宁省老北风亦有不下三四万人。义勇军抗日一年多，除马占山嫩江之役、丁李哈尔滨之役和苏炳文拒敌之役是与日军正面接战之外，其余多为游击战。[2]

义勇军限于装备落后、训练不足，最终无法抵御武器精良

---

1 《摄影画报——东北义军血战抗日特刊》，第九卷第四第五期合刊号，20 页。

2 《摄影画报——东北义军血战抗日特刊》，第九卷第四第五期合刊号，22、24 页。

的侵略军，败退入山林。如丁李部队避入密山穆棱附近；马占山则败走苏联；其余李海青、冯占海、朱霁青三部，同向热河边境撤退。

另一方面，主张抗日的共产党，支持东北人民打回老家去，在部队内的共产党员更暗中推动抗日。与此同时，一些共产党员将各地的义勇军组织起来，在东北进行游击战，对抗日本侵略军，打击伪满洲国的傀儡政权，直至1945年8月15日日本军国主义投降为止。

"一·二八"淞沪抗日战争

日本发动"九一八事变"，仅四个多月，便攫取了东北三省。他们的野心更加膨胀起来，先后在天津、青岛、汉口、福州、上海等地挑衅，寻找他们开战的借口。

1932年1月中旬，日本针对上海的抗日运动作出军事侵略部署，派遣军舰三十余艘和陆战队数千人，直逼黄浦江，唆使日本居留民集会游行，捣毁北四川路的一些中国商店，又策动五名所谓日僧和三友实业社工人冲突殴打的事件。日本领事村井苍松借此向国民党上海市政府提出封闭上海各界抗日救国会和《民国日报》等无理要求，限令于四十八小时内（即1月28日下午6时前）答复，否则有所行动。软弱的吴铁城市长竟然屈辱地接受，封闭抗日救国会。此举是满足了村井，却填不平日舰司令盐泽幸一的欲壑。他于1月28日晚上发出另一个以护侨为名的通牒，限令我十九路军立刻退出闸北，让日军进驻。

1932 年 1 月 28 日，日军进犯淞
沪、闸北，发动"一·二八事变"

十九路军在庙行奋勇作战

盐泽没有等中国政府回应，就于午夜 11 时，下令日本海军陆战队向我闸北驻军突击。十九路军在蒋光鼐总指挥和蔡廷锴军长的指挥下，向日军还击，淞沪抗战爆发。[1]

其实，国民党的官兵也有敢于牺牲的爱国志士。面对日军恃强来犯，蒋光鼐和蔡廷锴不顾蒋介石的不抵抗命令，率领十九路军迎敌。蒋光鼐勉励战士要有李广的射虎精神。而蔡廷锴更豪壮地说："我们的决心在哪里就死在哪里！"[2]

十九路军奋勇抗敌，死守闸北一星期，多次将敌人击退。2 月 4 日，敌军发动总攻，激战九小时，结果我十九路军将敌人的总攻击溃。曾扬言只需四小时就可以拿下上海的舰队司令盐泽幸一，被免职调回日本。消息传出，全国振奋，游行支持十九路军，海外华侨更是汇款和寄送物资。中国共产党在上海的地下组织通过工会、学生会及其他社团，推动支前运动，组成义勇军敢死队、情报队、救护队和运输队，协同十九路军作战。

淞沪抗日战争激战一个多月，至 3 月 5 日，国际联盟开会决定，要中日双方停战。蒋光鼐和蔡廷锴在回忆撤军时，痛心地说："我军苦战月余，官兵日夜不得休息，后援不继，休整无暇，但士气始终旺盛。当退守时，无不义愤填膺，声泪俱

---

1 参考赵杰主编、李兴泰副主编：《血肉长城——义勇军抗日斗争实录》，沈阳：辽宁人民出版社，2001 年。内收蒋光鼐、蔡廷锴、戴戟合撰《十九路军淞沪抗战回忆》一文，1134、1135 页；又收顾高地撰《一·二八淞沪抗日战役回忆》一文，1149 页。

2 顾高地：《一·二八淞沪抗日战役回忆》，收录在《血肉长城——义勇军抗日斗争实录》，1151、1152 页。

下。"[1]

但在谈判桌上国民政府总是软弱无能。5月5日，国民政府签订了丧权的《上海停战协议》，规定：日军可长期停驻在吴淞、闸北、江湾等地。

十九路军英勇作战，以劣势装备狠狠地打击了拥有海陆空现代化装备的侵略军，迫使日方四易主帅，伤亡惨重，在抗日战争史上写下了光辉的篇章！

唤起民族魂的才子田汉

20世纪30年代的大上海，列强环伺，各自霸地划分租界，十里洋场成为冒险家的乐园，纸醉金迷，夜夜笙歌。另一边厢，底层的劳苦大众挤住在石库门[2]，甚至栖身在用竹架草篷搭盖成的棚户区。而"包身工"[3]更是如奴隶般失去自由，过着极其黑暗苦困的生活。

当年的上海与日本的东京齐名，合称为东方两大都会。上海的光芒无疑盖过首都南京和旧都北平，就以文化艺术来说，也是绚烂多彩，如方兴未艾的电影与电影制作、话剧和歌舞，

---

1 蒋光鼐、蔡廷锴、戴戟：《十九路军淞沪抗战回忆》，收录在《血肉长城——义勇军抗日斗争实录》，1142页。

2 上海一种中西合璧的住宅建筑，其特色是用粗大的条石做门框，故称石库门。初期是一门一户，后来江浙一带的人陆续移住上海，石库门间房出租，转变为一门多户，甚至有七十二家房客的出现。

3 工人和厂方签订劳工合约，规定工人不领取工资，没有休息日，不可以擅离工厂，甚至不准亲属来探视，条件之苛刻如同卖身。上海称之为"包身工"。这样的"包身工"多为童工。

20 世纪 30 年代的上海外滩

20 世纪 30 年代的上海南京路

田汉（1927 年 6 月摄于日本）

日场接夜场的演出盛况空前。出版业就更加蓬勃发展，商务印书馆和中华书局是一时瑜亮，还有那世界书局等。一时间，文人荟萃，又是著述，又是编纂，竞出杂志，印行丛书。

文化界有感于贫富悬殊，劳工被剥削，为生活而挣扎，而日本又大举侵华，中华民族危在旦夕，遂有反压迫、反内战、支持抗日的呼声。中国共产党上海文委便组织起这些文艺界的进步人士，成立"左翼作家联盟"。其中的一位健将，就是田汉。

1898年3月12日，幼名寿昌的田汉，诞生在湖南长沙县田家塅茅坪的一家农户。兄弟三人，田汉是长子。九岁那年，父亲病亡，母亲易克勤坚不改嫁，含辛茹苦抚育三子。

田汉性聪颖，好习文，但因家贫曾辍学，幸得乡戚、老师帮忙，才能在乡间念了几年书，然后在1912年考入长沙师范学校，受教于徐特立[1]。十八岁毕业，正巧舅舅易象（1881—1920年，又名梅臣、梅园。1913年参加孙中山的讨袁二次革命，失败后避往日本。在东京加入中华革命党，并考入东京法政专门学校学习，1915年冬返国，继续参加倒袁运动。1916年，袁世凯猝死，易象被委为湖南留日学生经理处经理员）回到长沙，拣选优秀学生赴日留学。田汉深受校长徐特立的赏识，易象听

---

[1] 徐特立（1877—1968年），湖南长沙人。毕业于速成师范班。1910年赴日考察教育，其后创办长沙师范学校，并任校长，又兼任湖南省立第一师范教师。这期间毛泽东在省立第一师范求学。1919年参加留法勤工俭学，回国后创办长沙女子师范学校。1927年加入中国共产党，同年参加"八一"南昌起义。其后，赴莫斯科中山大学学习。1930年回国，任临时中央政府教育部部长。1934年参加长征，到延安后任边区教育负责人。当选为中共中央委员和人大常委，一直热心教育工作。终其一生，为教育事业做出杰出贡献。

到徐特立对外甥有这样高的评价，便决定送田汉去日本深造。

田汉就读于东京高等师范学校，选修英文专业。为了不辜负母亲和舅舅的期望，他刻苦学习，又留心时事，注意国际动态。1917年3月，他读到俄国爆发二月革命的消息，便撰写了一篇六千多字的论文，题为《俄国今次之革命与贫富问题》，寄给舅父，当时易象和李大钊、林伯渠合组了"神州学会"，由李大钊任评议长。易象把田汉的文章推荐给李大钊。李大钊读后，十分赞赏，即安排在《神州学丛》创刊号上发表，并致函田汉，表示支持和鼓励。[1]

田汉虽然身在国外，但仍然时刻惦念着家国。"五四运动"爆发，他既参加中国留日学生围攻中国驻日公使馆的斗争，又撰文呼唤"科学与民主"。为探求救国之道，田汉读了不少新的理论著作，接触了各种新思潮（包括社会主义思潮）[2]，为后来书写不平、呼唤民族的工作，打下了坚实的理论基础。

1919年暑假，田汉回国探亲，除了看望恩重如山的母亲和舅舅外，便是那流掉多少相思泪的表妹易漱瑜。她是易象的掌上珠，田汉与她青梅竹马，一起长大，早已互倾情愫。三年前，易漱瑜湘江泣别，依依不舍地与表哥田汉相约："待我毕业后，在日本相见。"

事情就如电影和小说中的那样，易漱瑜的母亲嫌弃田家太穷，不想将女儿许配给外甥，私下和当地一门大乡绅议定婚

---

1 参见田申：《我的父亲田汉》，辽宁人民出版社，2001年，58页。

2 田申：《我的父亲田汉》，58页。

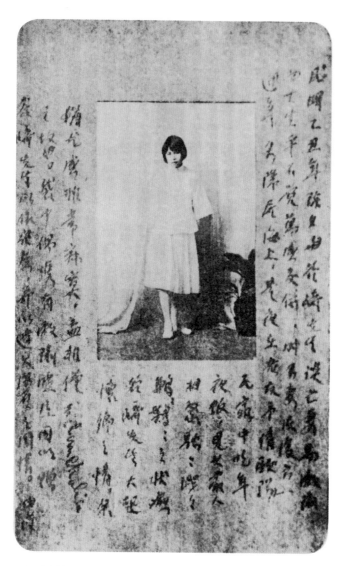

田汉的表妹易漱瑜逃婚嫁给田汉，
并一同到日本留学

事。刚好田汉归来，惊闻此变，闷在葫芦中的易漱瑜才得悉其事。二人急如热锅上的蚂蚁。幸有表舅蒋寿世提出"逃婚"，奔赴上海，恳求易象成全好事。于是田汉便拜辞母亲，挽着表妹漱瑜，趁中秋前的迎月夜登上轮船，北上上海，来到易象跟前，说出"逃婚"经过。易象独具慧眼，早悉田汉有惊世之才，所以一直栽培他、疼爱他。既然二人相爱相恋，便将外甥纳为贤婿，把爱女托付给他。易象更解囊赠款，送他们早日登舟往东京，以防"追兵"赶至。

两人在日本一同学习，互相砥砺。其间，生活上虽有一些摩擦，但很快就冰释，二人过着仙侣般的生活，羡煞多情的郁达夫和成仿吾等人。

田汉和郭沫若订交是通过宗白华[1]介绍的。1919年，宗白华在上海入读同济大学预科，并为《时事新闻》编辑副刊《学灯》。田汉回国探亲，来回都途经上海，因而结识了宗白华。两人有着共同的话题——诗歌和中国新文化，所以非常投缘。田汉返日后，宗白华将所编的《学灯》寄到东京，其中有郭沫若发表的长诗《凤凰涅槃》。宗白华又分别去信将他们二人相互介绍。田汉读了郭沫若的长诗，大为赞赏，即致函郭沫若，嚷着"相知恨晚"，马上就要"订交"。1920年3月，田汉由东京南下，经过三天旅程，来到在福冈学医的郭沫若家。二人

1　宗白华（1897—1986年），江苏常熟人。中国美学家、诗人。毕业于上海同济大学，1920年赴德国研习哲学、美学。回国后，历任南京大学、北京大学教授。一生从事中西美学比较和研究，著有《美学散步》《美学与意境》《艺境》《流云小诗》等。

谈文论艺，大兴文酒之会，同游博德湾，结为兄弟之交，又在太宰府前模仿歌德与席勒铜像的姿势拍照留念，颇有"书生意气""风华正茂"之概。

1920 年 5 月，郭沫若、田汉、宗白华三人的二十封通信合编为《三叶集》，由上海亚东图书馆出版。这本合集既是三人订交的志物，也是新文艺早春透出的几片新叶——到后来，他们都长成了参天大树。

1921 年 1 月，田汉和易漱瑜接到令人震撼的噩耗：1920 年 12 月 25 日，易象在长沙被军阀赵恒惕杀害。这对他们是一个巨大的打击：易漱瑜痛失至爱的慈父，田汉在血缘上失去舅父，在俗礼上失去岳父，在情义上失去如同再生的父亲，其悲痛真的不知有几多重，泪有几多行！

没有了易象的经济支持，田汉和易漱瑜在东京苦撑了一年多，便结束留学生涯，于 1922 年 9 月返回上海。

经朋友介绍，田汉很快就找到了工作，在中华书局任文学部编辑。1923 年，长子田申（又名海男）出生。为争取更多的创作自由，田汉和妻子易漱瑜一起创办了半月刊《南国》。夫妇二人又是编辑，又是翻译，还创作小说、跑印刷所和邮寄杂志。到后来，还是因为面临出版人经费拮据的老问题，杂志勉强出到第四期，便告停刊。

本来身体虚弱的易漱瑜因劳累而病倒，延至 1925 年 1 月 14 日病逝。田汉悲恸万分，写了多首悼亡诗[1]回忆爱妻。其中有：

1　以下所引田汉悼亡诗均据田申所著《我的父亲田汉》。——编者注

两闻危笃殊难信，细雨寒风奔到门。
掀帐挑灯看瘦骨，含悲忍泪嘱遗言。
生平一点心头热，死后犹存体上温。
应是泪珠还我尽，可怜枯眼尚留痕。

又有忆爱妻：

历尽艰辛愿尚垂，双双忍见旧时鞋。
随探沧海无边月，踏遍樱花第几街。
南通旅况不可忆，西子游踪难去怀。
待到一身人事尽，猖狂乞食到天涯。

幸好田汉没有在悲伤苦海中迷失、颓唐，因为岳父、舅舅易象和爱妻漱瑜都对他有很大的期望，他要重新振作，激昂地喊出：

父葬枫林女枫子，两山枫叶一般红。
深情此日埋黄土，浩气当年贯白虹。
自有心肝呕纯爱，可无血泪泣孤忠。
从今十载磨词笔，文字当为举世雄。

重新振作的田汉，应聘为上海艺术大学的文科主任。1927年秋，因校长周勤豪避债出走，群龙无首之下，田汉经全校师生投票选为校长。在田汉的带领下，学校的文艺戏剧搞得极为活跃，更于 12 月 18 日至 24 日在艺大举行公演。首演中有田汉编写的《名优之死》《苏州夜话》《江村小景》《生之意志》和欧阳予倩新编的京剧《潘金莲》，来宾有郁达夫、孙师毅、周信芳、高百岁、叶浅予、周瘦鹃以及日本友人等。演出颇为成功，受到社会关注。

后来，原校长周勤豪回来争位，田汉辞职，学生亦跟随脱离上海艺大。

1927 年底，田汉联同欧阳予倩、徐悲鸿等在上海霞飞路的徐宅深入讨论，决定成立"南国社"。翌年刊出《南国艺术学院创立宣言》广告招生。2 月 24 日，南国艺术学院开课，虽然只开办三科，但讲师阵容可以用"惊叹"二字来形容：文学科由田汉、郁达夫、徐志摩来指导；绘画科由徐悲鸿主持；戏剧科由欧阳予倩、洪深、赵太侔等讲授。田汉兼任学院院长，统揽大小事务。但他决不"依草附木"，所以资金极为紧绌。徐悲鸿、郁达夫、欧阳予倩、洪深等都是义务兼职，不能长久。最后亦逃不过关门的命运。但曾在学院修读的陈白尘、金焰、郑君里、陈凝秋（塞克）、左明、赵铭彝、张曙、吴作人、王素等，后来都成为艺术界享负盛名的人物。[1]

田汉的卓越才华和领导能力，已受到中国共产党上海文委的注视，后者更派出文委书记阳翰笙接近和影响田汉，地下党员安娥（1905 — 1976 年，后来成为田汉的第四任妻子，一直守在田汉身边。她也是歌词和诗歌创作的高手，电影《渔光曲》

1　田申：《我的父亲田汉》，199 — 201 页。

在上海文艺界甚为活跃的田汉
（1931 年）

的主题歌就是由她作词，脍炙人口，流行至今）也来穿针引线。

1932 年，田汉加入共产党。从此，他的艺术风格有了很大的转变，连续创作了很多描写贫苦大众受压迫的话剧，如《乱钟》《暴风雨中的七个女性》，揭露社会的黑暗，激励女性挣脱封建枷锁，呼吁年青人认清爱国方向。他又带领"左翼剧联"为东北义勇军募捐公演，联合三十多个剧团，在"新世界"的一个剧场连续演出一个多月。[1]

上海文委主导了上海的话剧之后，接着又力图争夺电影阵地。在中共中央文化工作委员会的领导下，由夏衍和阿英（1900—1977 年，原名钱杏邨，作家、文学史家）等组成的电影小组正式成立，夏衍出任组长。

夏衍（1900—1995 年），原名沈乃熙，字端轩，号端先，浙江杭县人。早年参加"五四运动"，曾留学日本，毕业于明治专门学校电机科。1927 年加入中国共产党，任"左联"常委。1933 年任中共上海文委成员，兼任电影组组长，直接领导田汉、阳翰笙、聂耳等人。他同时是一位出色的剧作家。

夏衍率领电影小组开展输送干部的工作，将许多新文艺工作者介绍到各个影片公司中去。他又支持田汉利用帮会头目严春堂的资本开办"艺华影业公司"。后来，田汉为"艺华"编导了抗日电影《民族生存》，由大力士查瑞龙、彭飞等主演，鼓舞了人民的抗日激情。

通过输送干部，电影小组逐渐取得了"明星""联华""艺

1　田申：《我的父亲田汉》，231 页。

华"¹等影片公司的编导权，因而夏衍编剧的《狂流》和阳翰笙编剧的《铁板红泪录》先后得到上映，为进步电影取得了优势。敌对的反动派当然暴跳如雷，组织起"电影界铲共同志会"，而且声言要捉拿田汉。

田汉当然没有被吓倒，电影小组更加大力度，建立电通影业公司，并于1934年开拍《桃李劫》（袁牧之、应云卫编剧，应云卫导演，袁牧之、陈波儿主演），翌年又拍摄了《风云儿女》，描写当年的社会现实和宣传抗日救亡运动。这两部电影的主题歌《毕业歌》和《义勇军进行曲》都是由田汉作词、聂耳谱曲的，风靡了全国，成为不朽名作。后来，《义勇军进行曲》更成为今天的国歌，下面会作详细介绍。这里先来欣赏一下《毕业歌》那动人的歌词：

> 同学们，大家起来，
> 担负起天下的兴亡！
> 听吧，
> 满耳是大众的嗟伤！

1　"明星"，全名为"明星影片公司"，1922年成立于上海，早期拍摄有《孤儿救祖记》《空谷兰》《火烧红莲寺》《啼笑因缘》等，亦有颇具社会意义的《姊妹花》。左翼文化工作者加入后，先后拍摄了反帝反封建的影片如《狂流》《铁板红泪录》《生死同心》《十字街头》《马路天使》等，抗日战争爆发后停办。

"联华"，全名为"联华影业公司"，1930年成立，早期拍摄了一些言情故事片。左翼电影工作者加入后，拍摄了一批如《都会的早晨》《渔光曲》《大路》《新女性》等优秀电影。抗日战争前夕停办。

"艺华"，全名为"艺华影业公司"，1933年在上海成立，曾拍摄过《民族生存》等进步电影。1934年遭国民党特务捣毁。1942年并入敌伪的"中华联合制片股份有限公司"。（参考自《辞海·艺术分册》）

看吧，

一年年国土的沦丧！

我们是要选择战还是降？

我们要做主人去拼死在疆场，

我们不愿做奴隶而青云直上！

我们今天是桃李芬芳，

明天是社会的栋梁；

我们今天是弦歌在一堂，

明天要掀起民族自救的巨浪！

巨浪！巨浪！

不断地增长！

同学们！同学们！

快拿出力量，

担负起天下的兴亡！

人民的音乐家聂耳

1912年2月15日，聂耳在云南昆明诞生。

父亲聂鸿仪，本玉溪县人，是一位颇有名的中医师，后来举家迁至昆明甬道街，继续行医。初娶王氏，生一男一女。王氏早丧，续弦傣族女彭寂宽，生子女四人，依次为：女蕙茹、次子守城（子明）、三子守先（叙伦）、幼子聂耳（乳名嘉祥，后改名守信）。

聂耳四岁那年，父亲患肺结核病逝，家庭重担落在母亲彭

1923 年聂耳（右）与母亲和两位兄长的合影

寂宽肩上。彭寂宽曾随丈夫习中医，颇有心得。为了生计，她报考鉴别中医试，取得合格，获准行医。然而食指浩繁，诊金收入有限，彭寂宽在晚上还要干一些针线活，以帮补家计。尽管生活贫困，一家人却乐也融融。

聂耳天资聪慧，尤善于模仿，鸟声、猪声、猫声、狗声，叫来绝似，常逗得家人开心；又能模仿别人的动作或走路姿态，令亲友绝倒，所以很受家人疼爱。

聂耳六岁入学，就读于昆明县立师范学校附属小学，后转求实小学念高小。初中则考进联合中学，毕业时成绩优异。其后考入省立第一师范高级部外国语组，主修英文，1930年7月毕业。[1]

聂耳自小喜爱戏剧与音乐，早受云南地方戏曲和民间音乐艺术熏陶。他曾向邻居木工师傅学会了吹笛子，又在学校老师的指点下学会拉二胡、弹三弦、吹口琴等，后来跟法籍英文老师柏希文学习乐理，而这位老师又是有名的钢琴家，因而又学会了弹钢琴。[2]同好相投，他又结识了省师附小的音乐教员张庚侯，遂借用张的小提琴来练习。小小年纪，聂耳已能演奏多种乐器，因而常常参加学校举办的音乐会和话剧的演出。

国家纷乱，内战连绵，外强侵略，民族危亡，使早熟的聂耳兴起爱国之情。他通过阅读《东方杂志》《环球旬刊》《创造月刊》等刊物，增广了知识；又读到鲁迅的《呐喊》《彷徨》等文章，受到革命思想的启发和教育。同时，他又受到《国际歌》

---

1 参考聂耳的三哥聂叙伦（守先）为王懿之著《聂耳传》（上海：上海音乐出版社，1992年）所作的序言。

2 参考聂耳的三哥聂叙伦（守先）为王懿之著《聂耳传》所作的序言。

1924 年聂耳参加求实小学学生
音乐团，前排左一是聂耳

1930 年聂耳（前坐者）与云南省立
第一师范附小的教员张庚侯合影

《打倒列强》等充满革命激情的歌曲的鼓舞，萌生起追求共产主义的思想。1928 年秋，聂耳加入中国共产主义青年团。他在地下党的领导下，积极参加反对帝国主义侵略、打倒屠杀云南学生的国民党军阀官僚统治的革命斗争活动。[1]

1929 年 7 月 11 日，昆明市北街江南会馆火药库发生大爆炸，死伤数千人。中共云南地下党在"济难会"的掩护下，一面救济灾民，一面进行革命斗争。聂耳参加了学生组织的"七·一一青年救济团"，竭力救济灾民和迎救被关押在监牢内的革命同志和进步人士。反动政府对"七·一一青年救济团"非常痛恨，施加种种压力，迫使救济团解散。另一方面，由于叛徒的出卖，国民党反动派对聂耳加紧监视，待时机成熟，马上就要来逮捕。[2]

聂耳的三哥聂叙伦在回忆文中说："我的一位好友李同文跑来告诉我，他在父亲的办公桌上偷看到一份逮捕名单，上面有聂守信（即聂耳）的名字。要我迅速让聂耳离开昆明。李同文的父亲是当时昆明地方法院的院长，参与了密谋逮捕的工作。"[3]

聂家上下闻讯，大为惊惶，尤其聂母彭寂宽，她最疼爱这既聪明又孝顺的幼子。但情势危急，只有远离云南省才会安全。刚巧聂叙伦的公司要在上海设立"云丰申庄"，拟调派他前去。聂叙伦以侍奉家母为由，请公司同意由其弟聂耳替补。

---

1 参考聂耳的三哥聂叙伦（守先）为王懿之著《聂耳传》所作的序言。

2 参考聂耳的三哥聂叙伦（守先）为王懿之著《聂耳传》所作的序言。

3 参考聂耳的三哥聂叙伦（守先）为王懿之著《聂耳传》所作的序言。

最后公司允准，聂耳火速出发"赴任"。这样既可远离险地，又省却自筹旅费，亦可免去到沪后的工作生计问题，可谓一举三得。1930年7月10日，十九岁的聂耳拜辞母亲、兄妹，离开昆明。[1]此去，改变了他的人生；再回来，只剩得一罌骨灰，但名字永垂，得享永生！

聂耳抵沪后，进入采办纸烟的云丰申庄，工资微薄。虽包食宿，但同事声喧，麻将吵闹，令人生厌。聂耳尽量想办法去克服，工余自修英语和日语，有空便阅读一些革命文艺理论的书。两个月后，他就参加了共产党领导的"上海反帝大同盟"。

1931年2月，聂耳因成功代昆明友人廖伯民、张庚侯租得电影片子，提供给昆明电影院放映，获得酬金一百元。他将五十元汇给母亲，剩下的五十元买了一把梦寐以求的小提琴。[2]虽然不是很好的琴，但已够聂耳用来苦练。

1931年3月，云丰申庄因漏税被揭发而倒闭。失业的聂耳幸运地看到了黎锦晖[3]主持的"明月歌剧社"（简称"明月社"）

1　参考聂耳的三哥聂叙伦（守先）为王懿之著《聂耳传》所作的序言。

2　王懿之：《聂耳传》，123页。

3　黎锦晖（1891—1967年），湖南湘潭人。1916年起，参加北京大学音乐团的活动，研究民族音乐，有志推广国语，受"五四"新文化运动影响，创作过很多爱国、进步的歌曲，如纪念孙中山的《总理纪念歌》。北伐开始，又创作了《同志革命歌》《欢迎革命军》《解放歌》等。另外创作了许多优美的流行歌和儿童歌舞音乐，代表作有《小小画家》，另有具民族特色的《可怜的秋香》。1929年创办"明月歌剧社"。后来，为了票房收入，编演了一些流行歌舞音乐，如《毛毛雨》《桃花江》《特别快车》等。对此聂耳曾撰文批评。但半个多世纪之后，再来检视《毛毛雨》《桃花江》，我们已能作出较为公允的评价。2001年9月，由文化部牵头在北京召开纪念黎锦晖诞辰一百一十周年暨音乐创作学术研讨会，全面评价和肯定黎锦晖是中国新文化开拓者之一，也是现代流行音乐的奠基人。

1930 年，聂耳抵达上海不久后摄

招聘小提琴师的广告。聂耳马上报名，经过严格的初试和录用试，终以出色的演奏赢得了合约。从此，聂耳成为正职音乐人，走出了他那不平凡的人生路。

当时，"明月社"正与联华影业公司合作办起歌舞学校。这里汇集了许多能歌善舞的青年演员和具潜质的演奏员，主要有黎莉莉、黎锦光、王人美、黎健明（于立群）、王人艺、陈情、于知乐、白虹、张少甫、严华、严励、胡笳等四十余人。[1]聂耳和大伙儿很合得来，原因是聂耳勤奋好学，既助人，又喜欢模仿别人的小动作，逗得大家开怀大笑，成为众人的"开心果"。

聂耳爱好音乐，老天爷很眷顾他，不但让他有一双十分灵敏的耳朵，还天生类似"特异功能"：两只耳朵可以按聂耳的意志前后摆动。滑稽的动作常常引得大家哄堂大笑。好开玩笑的年青人便不喊他的名字"聂紫艺"（聂耳报考时用的名字），反叫他"耳朵"。有一天，联华影片公司开同乐会，歌舞班推聂耳代表演出，节目名是《聂耳博士演讲》，这是"聂耳"这个名字的第一次登场。聂耳一口气表演了模仿三十六行工作的神态，令大家笑破肚皮。会后，联华总经理送他两件礼物，上款都称他为"聂耳博士"。聂耳幽默地对同乡郑雨笙说："他们硬要把一只耳朵送我，也好也好，你看，四只耳朵连成一串，不是像一个炮筒吗？"[2]自此以后，四只耳朵——"聂耳"之名，便随着动人的音韵飘扬开来。

---

1 王懿之：《聂耳传》，138 页。

2 参见王懿之著《聂耳传》中转引王人艺的《聂耳学琴》，138 页，以及转引郑易里（雨笙）的《黑天使时代的聂耳》，142—143 页。"聂"的繁体字由三个"耳"字组成。

聂耳的表演才华令人眼前一亮，他后来再被推荐参加"同乐游艺会"。这个游艺会，有许多艺术家上台表演，其中有著名的粤剧演员兼电影演员紫罗兰，她表演的粤剧大受欢迎。轮到聂耳登台，他竟然用英语、日语、法语来做开场白，然后分别用上海话、广东话（是夜广东宾客甚多）翻译一遍，教大家耳目一新。接着他又学动物的叫声，最后是模仿刚才紫罗兰的风姿跳舞。他的谐趣演出令来宾报以雷鸣般的掌声，欢呼叫好声更是一浪接一浪。[1]

　　当然，聂耳还是更多用心于乐器演奏方面。最初，他是跟乐队的首席小提琴师王人艺学习的。后来，王人艺介绍他的老师奥地利提琴家普鲁什卡予聂耳，但是学费非常昂贵。聂耳为了提高琴艺，不惜典当衣物来交学费，其追求之决心可以想见。与此同时，他又掌握了演奏京胡、广胡、一板胡、椰胡、四胡、低音大胡琴等乐器。对古典音乐和流行音乐，他都用心地研究和分析。

　　醉心音乐的聂耳，对作曲开始跃跃欲试。1932 年 1 月初，他尝试作曲，其中有两首口琴曲只用了一个多小时便写成。

　　聂耳在"明月社"十分活跃，也颇受重用。但"九一八事变"之后，上海随即爆发了"一·二八"淞沪抗日战争。热血青年聂耳支持十九路军抗日，约同金焰、王人美等赴闸北前线，看到十九路军英勇抗战，大为感动。聂耳回程途中，激昂地说："我们应该有抗战的音乐，革命的音乐！"[2]

1　王懿之：《聂耳传》，143—144 页。
2　王懿之：《聂耳传》，151 页。作者王懿之表示这段记载是他于 1986 年 10 月 18 日在北京电影制片厂访问王人美的笔录。

聂耳与"明月歌剧社"女演员的合影
前排自左至右：王人美、于知乐、胡笳

1932 年 7 月，聂耳与电影、音乐界友人到上海高桥海滨浴场游泳的合照
前排左起：黎锦光、周克、聂耳、黎莉莉、陈燕燕、史文华、华旦妮、殷明珠
后排左起：蔡楚生、史东山、王人美、孙瑜、黄邵芬

国难当前，必须抗日救亡。中共上海地下党的文委提出在文艺界发展党员，壮大左派力量，俾能开展工作。首批计划要联系的苗子，就有聂耳。

1932年4月22日，聂耳经由左翼电影工作者周伯勋在前一天的安排，与中共上海文委、左翼戏剧家联盟负责人田汉见面。田汉听取了聂耳"到上海前后的不平凡的奋斗经历，谈到他的一些政治见解和艺术见解"[1]。

随着形势的发展，聂耳愈来愈不满黎锦晖带领的"明月社"为迎合小市民的低级趣味，排演色情庸俗的歌舞，既荒唐又浅薄无聊。聂耳参加影评小组和左翼戏剧家联盟的工作后，以"黑天使"等笔名，在报章杂志上先后发表了《下流》《十九路军一兵士》《黎锦晖的〈芭蕉叶上诗〉》等评论文章，尖锐批评黎锦晖在民族存亡的危急关头仍然鼓吹"为歌舞而歌舞"的错误主张，演出那些麻醉青年的香艳肉感歌舞，提出："我们所需要的不是软豆腐，而是真刀真枪的硬功夫！"

当年日本占据东北三省后，继续步步进逼，伺机挥军南下。聂耳焦急万分，时刻不忘音乐救国，希望以音乐来鼓舞国民抗御日寇，所以对黎锦晖作出严厉批评，斥其音乐为"黄色音乐"。当黎锦晖等人知道"黑天使"就是聂耳，自然掀起轩然大波，决裂在所难免。8月6日，聂耳离开"明月社"。

上海剧联很快就安排聂耳前往北平学习。聂耳于1932年8月7日乘船离开上海，11日抵达旧都北平。9月13日，聂

1　王懿之：《聂耳传》，185页。作者王懿之转引田汉的《聂耳胜利的道路》，收录在《聂耳专辑（三）》（内部参考资料187号）。

耳报考艺术学院，主要是笔试，考的是国民党党义以及团义和数学。满以为答得不错的聂耳竟然落第，可以说是逢考必中的他，自然失落了好几天。后经友人介绍，他跟俄国著名小提琴师托诺夫学习。托诺夫从指法到拉弓的细微动作，一一给聂耳指正。[1]经过苦练，聂耳的琴艺更加大进。

从一开始，上海剧联就去函介绍聂耳，让他参加北平左翼戏剧家联盟和音乐家联盟的排练与演出。如在话剧《血衣》中，他扮演了老工人，不仅感动了观众，自己也掉了泪。当晚还有另一出话剧，因时间不够未能演出，临时改由聂耳演奏他创作的一些新曲，获得不少掌声。

聂耳也感受到支持东北抗日活动的气氛，并出席了"九一八事变"一周年的纪念活动。这里顺便谈一谈，有一说法是聂耳曾随"北平抗日救国会"去热河劳军，回忆起这段往事的是当年义勇军的骑兵队成员刘凤梧。他在1979年写给辽宁省黑山县党史办公室的《回忆黑山抗日义勇军》一文中提到：

这年冬天，快过阳历年的时候，高朋（鹏）带来北平抗日救国会的消息，让我们辽西的义勇军到热河去接收各地爱国人士捐赠的武器装备和慰问品 …… 我们这些人都是骑兵，1933年2月，辽南的王全一、顾靠天的抗日骑兵团也来到热河。聂耳等一些爱国知识分子来到热河，他们一面慰劳部队，一面做抗日宣传工作。他们拍的电影《长城抗战》记录了不少我们这

1　参见《聂耳全集》编辑委员会编：《聂耳全集》，下卷《日记》，文化艺术出版社、人民音乐出版社，1985年，466页。

些骑兵部队的活动情况。[1]

刘凤梧的这篇文章二十二年后被收入《血肉长城 —— 义勇军抗日斗争实录》。纵观全文，仅有一处谈及"聂耳"，其他就没有出现过。那么聂耳前往热河劳军是真有其事吗？

多年之后，刘凤梧的儿子刘生林在 2014 年春撰写了《〈义勇军进行曲〉发祥地之研究》，交香港《春秋》杂志于是年第一季号发表。文内谈到他为父亲刘凤梧抄写回忆录时，刘凤梧曾告诉他：

1933 年 2 月热河抗战期间，高鹏陪同后援会慰问团的人慰问，采访我们义勇军官兵时我正在指挥部队唱《义勇军誓词歌》。慰问团里的聂耳听到歌声，来到我们跟前，高鹏向我介绍了聂耳等人。聂耳是南方人，他问我们唱的是啥子歌，我听成是"傻子歌"。我告诉聂耳，我们唱的不是"傻子歌"，是《义勇军誓词歌》，因为听不懂南方话，还闹了笑话。当年高鹏是东北大学的学生，是北平东北民众抗日救国会军事部的联络副官，跟随朱庆澜从上海和北平到热河慰问的青年知识分子到承德后，都是由他负责联络召集的，聂耳等人他都认识，我是通过高鹏的介绍认识聂耳的。[2]

1　参考赵杰主编、李兴泰副主编：《血肉长城 —— 义勇军抗日斗争实录》，内收刘凤梧撰《回忆黑山抗日义勇军》一文，313 页。

2　参见《春秋》杂志，香港春秋出版社，2014 年 1 — 3 月号第一季，内收刘生林撰《〈义勇军进行曲〉发祥地之研究》一文，30 页。

刘生林为证明聂耳曾远赴热河劳军，举出原东北抗日义勇军第二军团军团长王化一和副军团长李纯华分别撰写的回忆文。但笔者查阅了李纯华写的《东北义勇军第二军团概述》和《跨海运械的回忆》，并未见聂耳的名字，至于王化一写的《日军侵热期间热河纪行》，同样只有高鹏的名字，始终不见聂耳名。而杜重远所写的《前线归来》，也没有"聂耳的踪影"。刘生林还举出纪录片《热河血泪史》，指片中骑白马的人就是其父亲刘凤梧，接着就认定："摄影师和聂耳一起到热河拍摄战地纪录片，确有其事。"

聂耳劳军之说，笔者仅见于刘凤梧、刘生林父子所记。一向有写日记习惯的聂耳，日记上并没有劳军的记载。据刘氏父子文章的记述，聂耳劳军是在 1933 年 2 月。这段日子，正是聂耳宣誓加入中国共产党的重要时刻（详后），日期已经存疑，所以聂耳曾劳军之事，这里暂不采录，有待日后挖掘更多数据再作论证。

其实，聂耳在北平是感受到义勇军抗日的浓烈气氛的，甚至可能取得了一些抗日的歌谣，助他日后创作《义勇军进行曲》之用。至于刘生林文中说到他的父亲指挥部队唱《义勇军誓词歌》，聂耳探问是"啥子歌"，竟被认成"傻子歌"，似在说聂耳讲的南方口音难以听得懂。但聂耳是人所周知甚有语言天才的表达者，刘生林为加强当年真有其事的对话，似乎弄巧成拙！至于那《义勇军誓词歌》，歌词是这样的：

起来！起来！不愿当亡国奴的人！

家园毁，山河破碎，民族危亡！

留着头颅有何用？拿起刀枪向前冲！

冒着敌人枪林弹雨向前冲！

携起手，肩并肩。

豁出命，向前冲！

用我们身体筑起长城！

前进啊！前进！前进！豁出命来向前冲！

前进啊！前进！向前进！杀！杀！杀！

这首源于锦州黑山县的《义勇军誓词歌》，据说对田汉撰写《义勇军进行曲》歌词起到参考作用，还说是聂耳带回去的。然而，有关这些揣测，仍然需要更多的史料和认证才能坐实。

回头再说聂耳。他在旧都无法找到工作，生活很成问题，小提琴的学费也付不出，寒冬已至，几件单衣挨不过寒冬。苦不堪言的聂耳，唯有南归上海。

1932 年 11 月 8 日，聂耳返抵上海。10 日往见田汉，汇报在北平与左翼剧联的工作。年底，上海剧联成立音乐小组，成员有田汉、聂耳、张曙、安娥、任光等，可谓人才济济，后来果然为戏剧和电影的音乐创作做出骄人的成绩。

1933 年初，春寒料峭，白色恐怖笼罩，但聂耳红心炽热，正迎接人生的春天。他由左翼剧联负责人赵铭彝和田汉介绍，并在左联负责人夏衍监督下，庄严宣誓加入了中国共产党。成为共产党员之后，聂耳更加勤奋，中共地下党亦重点培养他。音乐小组经常在任光家开会，审音度曲，聂耳的创作得到改正和提升。

几乎是同一时期，上海成立了"中国电影文化协会"，选出的执行委员包括夏衍、田汉、洪深、聂耳、任光、金焰、胡蝶、应卫云、黎民伟、卜万苍等三十一人，并发表宣言，号召电影工作者"探讨未来的光明"，开展"电影文化的向前运动"。[1]

1933 年夏，田汉编剧的电影《母性之光》，内有插曲《开矿歌》，由聂耳创作，这也是聂耳作的第一首电影歌曲。而《开矿歌》亦成为三十年代中国革命电影歌曲的先声。

聂耳热情工作，又是作曲，又是演出，甚至参与编导，被形容为"忘我的劳动"。著名演员赵丹回忆聂耳"忘我的劳动"时，作了如下的描述：

哪里有工作，他就抢到哪里。除了主要的作曲工作外，他还演话剧，当电影演员，组织业余歌咏团，为革命工作跑腿……他永不知道疲倦，不论什么工作都抢着去做。我听见他不止一次地同朋友们说："有哪部电影要作曲？我在抢工作。"……"抢工作"，这就是聂子的风格。[2]

---

1 王懿之：《聂耳传》，234 — 235 页。引自程季华主编：《中国电影发展史》，中国电影出版社，1963 年。

2 参见赵丹：《聂耳形象的创造及其他》，收录在《聂耳 —— 从剧本到影片》，中国电影出版社，1982 年，328 — 329 页。

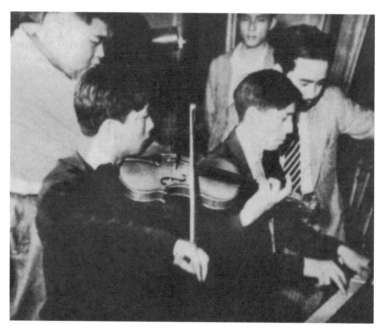

1933 年，聂耳拉小提琴与任光弹钢琴合奏

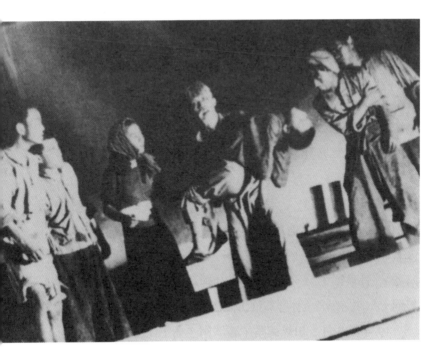

1934年夏，聂耳作曲、导演、主演的新歌剧《扬子江暴风雨》。聂耳扮演码头工人老王，抱着被日本兵打死的孙儿小栓子（由田汉长子田海男扮演）

就连夏衍也这么说：'"'抢工作'，是的，他不仅不推诿工作，他一直是抢着做工作的。"[1]

我们看一看下面 1934 年聂耳交出的音乐作品，就可以知道他对工作的投入度：

《走出摄影场》（安娥词）、《一个女明星》（安娥词）、《雪花飞》（柳倩词）、《翠湖春晓》（乐曲）、《金蛇狂舞》（乐曲）、《昭君和番》（乐曲）、《卖报之声》（武蒂词）、《小野猫》（陈伯吹词）、《打砖歌》（蒲风词）、《打桩歌》（蒲风词）、《码头工人》（蒲风词）、《前进歌》（田汉词）、《毕业歌》（田汉词）、《大路歌》（孙瑜词）、《开路先锋》（孙师毅词）、《飞花歌》（孙师毅词）、《牧羊女》（孙师毅词）、《新女性》（孙师毅词）。[2]

1934 年 6 月，田汉编写了新歌剧《扬子江暴风雨》，聂耳不但创作了《码头工人》和《苦力歌》（后改名为《前进歌》），还扮演主角码头工人老王。最后那场他饰演的老王抱着被日本兵打死的孙儿（由田汉的十一岁儿子田海男扮演），带领码头工人愤怒地高唱着《前进歌》，向汉奸走狗冲去：

同胞们，

大家一条心！

挣扎我们的天明，

1　参见夏衍：《永生的海燕 —— 纪念聂耳同志逝世二十周年》，收录在《永生的海燕 —— 聂耳、冼星海纪念文集》，人民音乐出版社，1987 年，2 页。

2　王懿之：《聂耳传》，349 —— 350 页。作者王懿之据《聂耳全集》整理。

我们并不怕死！

不用拿死来吓我们！

我们不做亡国奴，

我们要做中国的主人！

让我们结成一座铁的长城，

把强盗们都赶尽！

让我们结成一座铁的长城，

向着自由的路，前进！

观众受到感动，一同站起来，高唱："我们不做亡国奴，我们要做中国的主人！"[1]

田申（海男）在七十多年后回忆："我扮演码头工人老王的孙子小栓子，聂耳紧紧地抱着我，泪水和汗水流满在他涂着油彩的脸上，粘着的胡子尖端挂着他晶莹的泪珠，他那悲愤交加誓死要为牺牲的战友和孙儿复仇的神态，至今我还记得清清楚楚。他哪里是在演戏呀！他把整个生命和心血都熔铸到人物的心灵去了。"[2]

聂耳作的歌，容易唱，有力量。田汉分析说："他是自己真正站在痛苦的人民中间，喊出了他们的愤怒和要求。"而夏衍则称颂聂耳为"中国人民的歌手"。朱德总司令更加为昆明

1　田申：《我的父亲田汉》，238 页。

2　田申：《我的父亲田汉》，238 — 239 页。

1934 年夏，聂耳、田汉（右）与王素姐妹合影

田汉作词、聂耳作曲的《毕业歌》

的聂耳纪念馆题词："人民的音乐家"。[1]

劫难前完成的《义勇军进行曲》

"九一八事变"之后仅一年半，热河又告失守。日寇继续向长城各军事要地进攻。国民党的守军激于爱国，奋起抵抗，曾在喜峰口痛击敌人。但蒋介石的南京政府一意孤行"先安内后攘外"的政策，不但坚持不抵抗，更不许别人抗日。在这种近乎"开门揖盗"的政策下，如何能守得住？1933年5月，长城各口弃的弃、败的败。日军长驱直下，将战火烧至平津一带。

朱庆澜将军不忘义勇军的抗日精神，于1934年出资赞助上海电通影业公司，拍摄一部以义勇军抗日卫国为题材的电影。经过上海文委的安排，由田汉撰写剧本。是年冬天，田汉赶写出十数页纸的剧本梗概来，题名为《凤凰的再生》。可冬天还没有走，田汉便被抓走了。据田申的记述，田汉于2月19日参加完讨论梅兰芳赴苏联演出的一个晚宴，刚回家，"即被英国巡捕房的十几个人抄家逮捕，这是因为地下党的交通员被特务盯梢之故。当晚林维中妈妈和小妹妹玛璃（田野），也一起被带走了……"[2]。

同一天，阳翰笙、朱镜我、赵铭彝等三十多名地下党员也

1　王懿之：《聂耳传》，334—335页。

2　田申：《我的父亲田汉》，218页。林维中（1900—1985年），田汉第三任妻子。1931年为田汉生下女儿田玛璃，后来改名田野。1946年底，田汉和林维中协议离婚。接着，田汉和安娥正式结为夫妻。

被捕。后来，田汉和阳翰笙被转押至南京拘禁。

幸好田汉的《凤凰的再生》手稿没有留在家中，而是交给了时任电通影业公司的编剧孙师毅[1]。虽然田汉被抓走，但使命不能就此完结，电影还是要开拍的。夏衍决定亲自动手，将田汉那十多页纸的剧本稿改写成电影台本，并征得在囚禁中的田汉同意，改名为《风云儿女》。《风云儿女》的主题歌，就是《义勇军进行曲》，这歌词是田汉写在最后一页纸上的。田汉后来回忆当时是很想写得长一点，却因为没有时间而煞笔。

田汉是在白色恐怖中进行笔舌之战，他知道随时会被逮捕，所以又是改名换姓，又是不停转移，然后赶紧地写，但终归还是被捕。正因为这样，他那《义勇军进行曲》歌词的创作时间和地点，一直流传很多种版本；已经过去八十多年了，仍然传得沸沸扬扬。如最近香港大学中国音乐史博士周光蓁为《亚洲周刊》（2018年3月25日）撰文说：

> 《义勇军进行曲》在狱中成孕，诞生时是个遗腹子，词作者田汉在狱中把首稿写在香烟盒包装纸上，让该曲用作配乐的电影《风云儿女》拍摄人员探监时传出去。

黑狱偷光撰曲词，为《义勇军进行曲》的问世再添几分哀

---

1 孙师毅（1904—1966年），原籍浙江杭州，著名歌词作家、电影剧作家。1924年就读于上海国立政治大学。1926年进入电影界，又主编《神话特刊》，发表有关电影的论文。1934年任联华影业公司、电通影业公司编剧，创作有电影剧本《新女性》，又为《自由神》《大路》等电影的主题歌和插曲创作歌词。1949年到香港，任《文汇报》总编辑。1957年回内地参与筹建中国电影资料馆，并出任顾问。

感！实情是否如此？田汉的二弟田洪却有另一番说法。

"九一八事变"后，他们兄弟搬到上海法租界，在联华公司做音乐的聂耳常去田家谈论国事。有一天，田汉从外面回来，十分气愤地说，国家都要亡了，还有人在唱靡靡之音，长此下去，人民会成亡国奴。田汉对聂耳说："我俩合作一首战胜《桃花江》的歌，怎样？"聂耳当即答："好！"几天后，田汉将写好的《风云儿女》主题歌词交给聂耳，聂耳很快谱好了曲。田汉听了，感觉气势还不够强烈。第二天，聂耳又在歌曲前加了前奏，用小号吹给他们听，他们感到很有气势。田汉建议取个抗日杀敌的歌名《义勇军进行曲》。[1]

田洪这篇谈话稿，最初见刊于《湖北日报》。其时正当1982 年 12 月 4 日第五届全国人大第五次会议通过恢复《义勇军进行曲》的原有歌词为国歌歌词，所以成为全国的热门话题。于是《文摘报》也摘录田洪的文章。由于田洪是田汉的亲弟，一般认为可信性甚高。刚巧《北京晚报》也于 12 月 27 日刊出《〈义勇军进行曲〉的来历》，读者感到和田洪所说的差异很大，便去信《北京晚报》寻求事实答案。最后，《北京晚报》编辑部致函夏衍，请他翻开记忆箱，再说前尘旧事。

夏衍直接参与和领导《风云儿女》的制作，影片中《义勇军进行曲》的作词人、谱曲者都是由他委派：一位是他多年的战友田汉，一位是他提携栽培的爱将聂耳。所以如果要谈《义勇军进行曲》的来历，非夏衍莫属。只是过去在白区工作的时代不能

1　紫茵：《我们的国歌》，60—61 页。作者紫茵其后亦推翻田洪的说法。

夏衍

说；解放初期政策上不标榜健在人员个人事迹，便不好说；"文革"时期更加不让说。如今聂耳、田汉先后作古，又正值第五届全国人大第五次会议通过恢复《义勇军进行曲》的原有歌词为国歌歌词，是时候把《义勇军进行曲》的来历说给国人听，而且要说得清清楚楚，将长期以来那些不实的流言全部扫走。夏老便于1月27日回复《北京晚报》。1983年2月14日，《北京晚报》将夏衍的来信刊出，标题是《夏衍谈〈义勇军进行曲〉的来历》。

夏衍这封复函，如同打开地下密室，将当年秘制《义勇军进行曲》的过程公开，无疑是研究中华人民共和国国歌的重要文献。但可能是在晚报发表，未能广为流传。同时，一些谈论国歌的著述，也只摘引或者是转引夏衍文章的几句话。我非常渴望能够读到《北京晚报》的全文，但在香港不易寻得，几经拜托，最后不但看到全文，而且还得以购入当日那份《北京晚报》，真是喜出望外。这样贵重的文献资料，很值得全文转录于此：

夏衍谈《义勇军进行曲》的来历

《北京晚报》编辑部：

关于《义勇军进行曲》来历的介绍，贵报去年12月27日所载及过去各报种种记载，或多或少都有一些传讹之处，特别是《文摘报》所记田洪同志的谈话记录为甚。事实上，一、当时田汉同志住上海公共租界山海关路，并非"法租界"；二、这个曲子是聂耳在日本谱写后寄回上海的，当时田汉已被捕，绝无谱好了曲，再用小号吹给他听的可能。现将此事的经过简述如下：

1934 年电通公司成立时，就请田汉同志写一个剧本。到这一年冬，电通公司催稿甚急，田汉同志写了一个故事梗概（也可以说是一个简单的文学剧本），交给电通的孙师毅同志。田汉同志在他的《影事追怀录》中写道："在一次（电通公司的）会议上，我也承担了一个剧本……"，"当时执笔一定是十分匆促，记得原定要把这主题歌写得很长的，却因为没有时间，写完这两节就丢下了，我也随即被捕了"。在此书的另一篇悼念聂耳的文章中，田汉同志写过："他在日本学习中也没有丢下工作，《义勇军进行曲》的定谱，就是从日本寄回来的。"（见《影事追怀录》43 页、76 页）

田汉同志的被捕是在 1935 年 2 月，这时剧本还在孙师毅同志处，原名《凤凰的再生》，后由作者改题为《风云儿女》。为了尽快开拍，电通公司决定由我将梗概写成电影文学剧本，由许幸之同志导演。田汉同志的梗概写在旧式十行红格纸上，约十余页。《义勇军进行曲》这首主题歌，写在原稿的最后一页，因在孙师毅同志书桌上搁置了一个时期，所以最后一页被茶水濡湿，有几个字看不清楚。我一辈子没有写过诗词，而孙师毅则是电影插曲作词的能手，所以我就请他把看不清楚的字根据歌词内容，设法填补，实际上也只不过改了两三个字，即原词的第六句，"冒着敌人的飞机大炮前进"，改成了"冒着敌人的炮火前进"。当时聂耳正在准备去日本，知道了《风云儿女》有一首主题歌时，就主动来找我"抢任务"，说这首歌一定要让他谱曲。我和孙师毅、许幸之都非常高兴。聂耳拿到我写的文学剧本及主题歌后，曾和导演许幸之讨论过，但没有谱

《北京晚报》编辑部：

关于《义勇军进行曲》来历的介绍，贵报去年12月27日所载及过去各报种种记载，或多或少都有一些传讹之处，特别是《文摘报》所记田汉同志的谈话记录为甚。事实上，一、当时田汉同志住在上海公共租界山海关路，并非"法租界"。二、这个曲子是聂耳在日本谱写后寄回上海的，当时田汉已被捕，绝无谱好了曲，再用小号吹给他听的可能。现将此事的经过简述如下：

1934年电通公司成立时，就请讯汉同志写一个剧本。到这一年冬，电通公司催稿甚急，田汉同志写了一个故事梗概（也可以说是一个简单的文学剧本），交给电通的孙师毅同志。田汉同志在他的《影事追怀录》中写道："在一次（电通公司的）会议上，我也承担了一个剧本……""当时执笔一定是十分匆促，记得原定要把这主题歌写得很长的，却因为没有有时间，写完这两节就丢下了，我也随即被捕了。"在此书的另一篇悼念聂耳的文章中，田汉同志写过："他在日本学习的时候，《义勇军进行曲》的定谱，就是他从日本寄回来的。"（见《影事追怀录》43页、76页）

田汉同志的被捕是在1935年2月，这时剧本还在孙师毅同志处，原名《凤凰的再生》，后由作者改题为《风云儿女》。为了尽快开拍，电通公司决定由我将梗概写成电影文学剧本，山许幸之同志导演。田汉同志的梗概写在旧式上行红格纸上，约十余页，《义勇军进行曲》这首主题歌，写在原稿的最后一页，因在孙师毅同志书桌上搁

夜大学

第一〇三期

我"抢"任务，说这首歌一定要让他谱曲，我和孙师毅、许幸之都非常高兴。聂耳拿到我写的文学剧本及主题歌后，曾和导演许幸之讨论过，但没有谱成曲子，就到日本去了，我和师毅、慧敏也执笔得很认真，他还表示这支歌曲定稿后一定尽快寄回，不会

延误影片的摄制。

长期以来，还有一种传说，说《义勇军进行曲》的歌词，是田汉同志被捕后在狱中所作，写在一张包香烟的锡纸的衬纸上，托人带出来交给我和孙师毅的。这种说法，传得很广，后来连田汉同志本人也说，"关于这些，我的记忆跟字迹一样模糊了"（《影事追怀录》45页）。事实是许多人把《义勇军进行曲》的歌词，和田汉同志的一首狱中诗搞混淆了。《风云儿女》的剧本是田汉被捕前写好交出的，怎么能把主题歌词到被捕后再写呢？但他的确在香烟衬纸上写过一首诗，那是田汉同志被押送去南京前，林维中同志带了女儿田野去探监时，他写的后来流传得广的那首"生平一掬忧时泪，此日从容作楚囚……"的七律，这首诗写完，他要林维中交给了孙师毅和我，现已搜集在戏剧出版社即将出版的《田汉全集》中，原件一直由师毅保存，可惜的是经过十年浩劫已经无法找到了。

《义勇军进行曲》是经五届人大五次会议正式通过为我国国歌，因此，关于它的产生经过，希望不要以讹传讹。以上所述，直接经手此事的司徒慧敏、许幸之等同志都可以作证。

此致

敬礼！

夏衍

一月二十七日

编者附言 去年12月27日，《夜大学》刊登了《〈义勇军进行曲〉的来历》一文。之后，接到许多读者来信，提出此文和《文摘报》所摘田汉同志的文章（原载《湖北日报》）差异很大。为澄清事实，我们给夏衍同志写了信，请他指教。夏老很快回了信，作了详细说明，现将此信发表于此。

1983年2月14日的《北京晚报》刊出《夏衍谈〈义勇军进行曲〉的来历》（笔者藏）

成曲子，就到日本去了。我和师毅、慧敏为他送行时，他还表示这支歌曲定稿后一定尽快寄回，不会延误影片的摄制。

长期以来，还有一种传说，说《义勇军进行曲》的歌词，是田汉同志被捕后在狱中所作，写在一张香烟的锡红的衬纸上，托人带出来交给我和孙师毅的。

这种说法，传得很广，后来连田汉本人也说："关于这些，我的记忆跟字迹一样地模糊了。"（《影事追怀录》45 页）事实是许多人把《义勇军进行曲》的歌词，和田汉同志的一首狱中诗稿混淆了。《风云儿女》的剧本是田汉被捕前写好交出的，怎么能把主题歌留到被捕后再写呢？但他的确在香烟衬纸上写过一首诗，那是田汉同志被押送去南京前，林维中同志带了女儿田野去探监时，他写的后来流传很广的那首"生平一掬忧时泪，此日从容作楚囚……"的七律。这首诗写后，他要林维中交给了孙师毅和我，现已搜集在戏剧出版社即将出版的《田汉全集》中，原件一直由孙师毅保存，可惜的是经过十年浩劫，已经无法找到了。

《义勇军进行曲》是经五届人大五次会议正式通过为我国国歌，因此，关于它的产生经过，希望不要以讹传讹。以上所述，直接经手此事的司徒慧敏、许幸之等同志都可以作证。

　　此致

敬礼！

夏衍

一月十七日

夏衍这封书函，显然没有广为流布，所以未能扩大影响。到了 1989 年他接受文艺工作者范正明采访时，老人家非常不满地谈到《义勇军进行曲》的歌词一事。二十年后，范正明提笔忆述夏老的谈话：

夏老似乎有些怅然，说："现在有些人不负责任，误传《义勇军进行曲》这首歌词是田汉写在一张香烟的锡箔纸衬纸上的。这不是事实，写在衬纸上的是他被捕入狱后写的那首《七律》。这首歌词是电影《风云儿女》中的插曲，田汉的剧本梗概，写在旧式十行红格纸上，约十余页，剧名为《凤凰涅槃图》。《义勇军进行曲》这首主题歌，写在原稿的最后一页，因在孙师毅同志桌上搁置了一段时期，所以最后一页被茶水濡湿，有几个字看不清楚了。他被捕后，由我接手写成电影台本，投拍时改名《风云儿女》。歌词只动了一句，将'冒着敌人的飞机大炮前进'一句，改为'冒着敌人的炮火前进'。"[1]

另一方面，孙师毅也曾作过一些回忆，他说：

《风云儿女》原先是田汉写的故事，很简单，终由夏衍分幕，许幸之写成剧本。那时田汉被扣禁以香烟纸写《义勇军进

---

[1]　文艺工作者范正明拟撰写田汉与国歌为题材的影视作品，于 1989 年夏往访夏衍，其时夏衍年将九十。2009 年 10 月 6 日，范正明撰写回忆文，以《夏衍谈田汉和〈义勇军进行曲〉》为题，发表于湖南《长沙晚报》。又，田汉剧本初名《凤凰的再生》，亦名《凤凰涅槃图》。

行曲》的歌词，由夏衍交我转给聂耳。这曲最初是用五线谱写成（手稿遗失），当时原歌词是"冒着敌人的飞机大炮"。最后的"前进"只有一次，后由聂耳和我商量，把歌词加以更改。

孙师毅的谈话是在 1959 年 4 月，但只是一篇记录稿，而且声言未经孙师毅本人审阅，所以不能轻率引用。

尽管田汉的剧本和曲词不是在黑狱中写就，而是刚完成剧本的梗概便被抓走，"剧情"也是相当惊险。虽然田汉曾经想把歌词写得长一点，结果无法如愿。但后来歌曲在抗日战争中传唱，字字铿锵有力，句句震动心弦，证明简短易记、便于上口齐唱的绝好歌词，可以成为国歌歌词的不二之选。

再说当年的夏衍，他在忧愤中接手田汉的未竟之业，把《凤凰的再生》改写成电影台本，同时又赶忙找了许幸之，请他为《风云儿女》这部电影当导演。

这个时候，对国统区的共产党员来说，俨如暴风雨来临的前夜。上海地下党已侦悉聂耳是在缉捕的黑名单内，为保护和培育聂耳，党的领导正安排他出国赴日，然后寻找机会前往欧洲，再转往苏联学习。热情的聂耳早已打听到《风云儿女》有主题歌要写，马上又去"抢工作"，向孙师毅和许幸之提请将作曲任务交给他。孙师毅便将歌词清抄一遍，交给了聂耳。

聂耳为创作《风云儿女》的主题曲，"几乎废寝忘食，夜以继日，一会儿在桌子上打拍子，一会儿坐在钢琴面前弹琴，一

许幸之

会儿在楼板上不停走动，一会儿又高声地唱起来"[1]。这是许幸之回忆聂耳交付曲稿时跟他谈到的创作痴迷的情况。聂耳为此还要向房东老太太赔不是。

许幸之还清楚记得，一大清早，聂耳来拍门，把赶拍片熬了夜的许幸之吵醒，兴奋地说：曲子谱好了。接着，聂耳一手拿着乐谱，一手在书桌上重重地打着拍子，大声唱了起来。他一连唱了几遍，然后停下来，问许幸之意见。许幸之有些顾虑，不敢直言。后经聂耳再三恳请，许幸之才说："整个曲子谱得很好，

1　参见许幸之：《忆聂耳》，收录在《永生的海燕 —— 聂耳、冼星海纪念文集》，81页。许幸之（1904 — 1991年），江苏扬州人，著名画家、导演、诗人。自幼爱好绘画，师事吕凤子，后入上海美专。毕业后，再东渡日本深造，考入东京美术学校。在日本发表诗篇和画作，油画《晚步》得到很高的评价。回国后，参加左翼文化运动，受夏衍赏识，委为《风云儿女》导演。抗日战争期间，他和吴印咸摄制了抗战纪录片《中国万岁》，宣传守土卫国的爱国精神。1954年起任中央美术学院教授，油画作品有《巨手》《海港之晨》，而《伟人在沉思中》更成为他的代表作。另出版有作品集和论文集。

聂耳在上海居处的书桌

激昂、轻快，但'起来，不愿做奴隶的人们'的起句，显得低沉了一些，而最后一句'冒着敌人的炮火前进！'还不够坚强有力，是否应当减少一些装饰音，形成一个坚强有力的煞尾？"[1]

聂耳静心思索，跟着拿起桌上的铅笔修改起来。他们两人按修改后的乐谱合唱，果然比原来的激昂多了。末尾句原是"冒着敌人的炮火前进"，聂耳加上了叠句，成为：

冒着敌人的炮火前进！
冒着敌人的炮火前进！
前进！前进！进！ [2]

这样，田汉的歌词经过孙师毅和聂耳的一些修改，便成为今天国歌的歌词：

起来！不愿做奴隶的人们！
把我们的血肉，筑成我们新的长城！
中华民族到了最危险的时候，
每个人被迫着发出最后的吼声。
起来！起来！起来！
我们万众一心，
冒着敌人的炮火前进！

---

1 聂耳、冼星海学会编：《永生的海燕——聂耳、冼星海纪念文集》，82 页。
2 聂耳、冼星海学会编：《永生的海燕——聂耳、冼星海纪念文集》，82 页。

冒着敌人的炮火前进！

前进！前进！进！

风声愈来愈紧，聂耳不得不走，但他仍然想将谱子锤炼一下，便约定到日本后，尽快将谱子定好，寄回上海。

避走日本，谱定名曲，一去不返

聂耳即将出国赴日，大家闻悉都不尽依依，纷纷为他饯行。4月的一个晚上，郑君里、贺绿汀、赵丹、袁牧之、唐纳、孙师毅等，相约在长江饭店为聂耳饯别。1935年4月15日，聂耳要握别战友，离开祖国，夏衍和司徒慧敏等人也前来话别，语多珍重和鼓励。为免惹人注目，大伙儿尽可能不到码头送行。但赵丹、郑君里、袁牧之几个好友，在早上来到黄浦江畔的汇山码头，亲送聂耳登船。二十年后，在纪念聂耳的电影中扮演聂耳的赵丹，执笔写出这难忘的片断：

我们看着聂子意气风发地上了船。船缓缓地离开江岸，远了，远了，系在船岸之间的彩带断了。只是在这个时候，我从望远镜里看到他在擦眼泪。离开了伙伴们，离开了多难的祖国，离开了战斗的地方，他，流泪了！这是我见到他第一次流泪，也是仅有的一次！ [1]

1　赵丹：《聂耳形象的创造及其他》，收录在《聂耳——从剧本到影片》，332 页。

聂耳避走日本前租住的霞飞路 1258 号
3 楼（左起第二栋），《义勇军进行曲》
的初稿在此完成

1935 年 4 月 28 日，聂耳（左一）在日本
与同乡友人张鹤（左二）到隅田公园游玩

4月18日聂耳抵达东京，因早已和云南同乡、挚友张鹤（天虚，左联作家）联系上，可以到他租赁的民家一起暂住。聂耳没有过了海便把谱曲之事忘得一干二净，而是时刻惦记。不消半个月，他再审音定调，终将曲子定了谱，火速寄回上海电通影业公司，收件人是孙师毅、司徒慧敏。

活泼开朗的聂耳到了东京并没有闲下来，他在张鹤的介绍下，先后结识了一批左翼留日学生，如杨士谷、杜宣、蒲风、陈学书、伊文、林蒂、侯风、黄冈等人。聂耳多次出席中国留日学生星期聚餐会、艺术聚餐会、诗人诗歌座谈会和戏剧座谈会等。他又如饥似渴地观赏了许多日本的歌剧和舞蹈，欣赏了一些高水平的音乐会：从著名的日本交响乐团到新协剧团、宝冢剧团和业余的儿童歌剧等，其中还观摩了"日本新人演奏会"和欢乐的"儿童歌舞晚会"。他还结识了秋田雨雀、滨田实弘等日本文艺界人士。

诚然，聂耳的才名亦已传到留日的中国青年学生之中。6月2日，在出席中国留日学生主办的"第五届艺术聚餐会"时，他应邀以《最近中国音乐界的总检讨》为题，作了两个多小时的讲演。[1]6月16日，聂耳又参加了留日诗人的诗歌座谈会，在席上提倡诗人和音乐家更加紧密合作。其后，他接受新协剧团的邀请，参加7月下旬在京都、大阪、神户的巡回演出。

其时正值7月初，距演出集合时间还有十多天，而东京开

1　王懿之：《聂耳传》，296页。

始踏入夏季，暑热难当。刚巧聂耳与新结识的新协剧团照明主任李相南（朝鲜人）颇为投缘。李相南建议先前往神奈川县藤泽市避暑，并到海边弄潮。度假完毕，再继续西行至关西。

7月9日，聂耳跟随李相南离开东京，乘车来到神奈川县藤泽市，下榻于李相南的朋友滨田氏的家中。

藤泽市位处东京都的西南方，今天从新宿乘搭小田急线快车，约一个小时便可抵达。藤泽市南临相模湾，近海是湘南海岸，沙滩、海滨一个连一个，早已成为滑浪海浴的胜地。藤泽市东接文化古都镰仓，古刹名寺散落市内，环境清幽，自古以来就有很多文化名士卜居于此，如夏目漱石、岛崎藤村、芥川龙之介、正冈子规、川端康成等。而电车"江之电"，早在明治末年已通车，穿行于镰仓、江之岛、湘南海岸和藤泽市一带，这些都是挤住东京的都市人喜爱的度假胜地。

聂耳来到蓝天碧海、风景秀丽的藤泽市，兴奋不已。他先是游了江之岛，然后漫步沙滩海滨浴场。他想到在云南滇池边和友人涉水扑打水花的往事，又想到与电影、音乐界友人到上海高桥海滨浴场畅泳的乐事。如今面对水清沙幼的大海，年青的聂耳当然是跃跃欲试，急于在碧波中逐浪泗泳。

距市区最近的海滩就是"鹄沼"。连续几天，聂耳和李相南等都一同到鹄沼海滩游泳。聂耳还成为弄潮儿，"经过几天来的锻炼，聂耳的跳浪大有进展，他可以熟练地驾驭浪花的自由起落了。高兴之余，他今天下水三次，日光浴三次，皮肤晒得通红"[1]。

1　王懿之：《聂耳传》，306 页。

聂耳真是有点乐而忘返。他和滨田一家相处得很好，因为他们都是"知音人"。聂耳惊讶他们十分爱好音乐，有很好的修养，早晚请他拉琴、唱歌，示范中国舞蹈。

根据聂耳7月15日的日记，他原定是7月16日离开藤泽市的，但因为日本友人特意请了两天假来作陪，"后来一想，在人情上实在有些过不去，于是决定多延一天"[1]。

但一天的延迟，就是聂耳一生的大误。因为7月17日，聂耳再到鹄沼海滩游泳，竟成为不归之客。

事发的经过，目前仅有房东滨田实弘的《聂耳遭难时之情形》报告书作参考，并由聂耳的同乡兼好友张鹤译成中文。今全文录如下：

昭和十年（1935年）7月17日午后1时半左右，聂君、李君、家姐、厚（我九岁的外甥），一同到鹄沼海岸去洗海水浴。到的时候是2点钟左右。李君独自先下海，聂君等着家姐换衣服，三人随后一同下海。

那天风浪很大，有很多大人和小学生们也在那里游泳，因此各人都没有特别关照。

在海里，李君是单独一人，聂君则在水深齐胸的地方独自跳浪游着。同时，家姐是在水浅的地方，招呼着厚一同泳着。

约有一个多钟头，家姐和厚一同上岸来，就遇到李君，说预备在先回去，要寻聂君打个招呼，寻聂君不见。那时，听

1 《聂耳全集》编辑委员会编：《聂耳全集》，下卷《日记》，541页。

遇在一起的李君也说，下海后，一回也没有见到他。于是李君到海里、家姐在岸上寻。（时 3 时半多）直到 4 点半都没有寻得，便连忙通知监视所，分头在海岸一带寻觅。我接到报告，到海岸去的时候，已是 6 时左右，潮已经涨上了，仍未发现其踪影。其后，李君听当地人们说，要到辻堂、茅个崎那一带去寻，仍无下落。夜晚江之岛方面也去寻过。但是此刻除了等待明早潮退再寻外，别无他法了。11 点钟左右，只得回家。次日早上，也仍然寻不着。回家时，可巧接到警察报告说，尸体已经打捞上来，我就忙到那里去看。

聂君的尸体，是普通一般的溺死人样子，不难看，也没有吃着水，仅只从口里流着少许血，头也出少许血，据检验的医生说是窒息死。

把尸体捞上来的那个地方，是在游泳地西南约 30 米的海底，拱成沟条的样子。

对尸体处置，因事关外国人的事，我们不敢作主去做。由警察厅方面去和贵国领事馆交涉，以聂君未曾登过记而绝口不承认收领尸体。[1] 因此只好等着冀君（冀君系李君与聂君共同朋友，时在东京）的来，商议善后的处置。一面洗了尸体，穿上洋服，装入棺里，交警察收去。

此后的一切，贵下和冀君都尽知了。[2]

1　这句话的意思是说当年的中华民国领事馆因为聂耳没有到过领事馆登记身份，所以没有数据可查核，便拒绝认领遗体。

2　王懿之：《聂耳传》，309—310 页。转引自人民音乐出版社出版的《聂耳》画册所收 1935 年中国留日学生在东京出版的《聂耳纪念集》。

1935 年 8 月 4 日，中国留日学生在千叶县北条举行聂耳追悼大会

上海《明星》杂志在 1935 年 8 月号
悼念聂耳的文稿

《报告书》内的"李君"，即朝鲜籍灯光师李相南，"冀君"为中国留日学生冀林。

7月18日，张鹤赶到鹄沼海滨，打开棺木，验明了聂耳的遗体之后，便由日本警方将聂耳遗体火化。[1]

1935年8月底，聂耳的骨灰和遗物由张鹤和郑子平护送回上海。翌年，聂叙伦来到上海，将骨灰运回昆明，并于1937年10月1日安葬在昆明西山上。

聂耳不幸遇溺的消息传出后，文化艺术界和爱国人士都大为悲痛，有人甚至不相信遇溺，质疑是否另有内情。8月16日，上海各界人士举行了追悼大会，出席者坐满大剧院，同声痛悼聂耳早逝。其后，发表悼念文章的音乐家、文学家、诗人等有近百位，报章杂志亦纷纷刊出纪念文稿。其中《明星》杂志的悼言对聂耳作了高度评价：

聂耳在出国以前，虽然对电影界和音乐界已经有了那么多的贡献，但显然，这还不过是他的音乐生活的开端，更大的造就还在将来，他正如初升的太阳，前途是孕育着无限光明的。可是现在，聂氏却不幸被神奈川藤泽町鹄沼的海浪卷没了。……认识他的朋友，恐怕没有不为他感动的。然而这年青人却带着灿烂辉煌的生命去了……[2]

1　王懿之：《聂耳传》，311页。

2　参见1935年8月出版的上海《明星》杂志，14页。

1935年秋，张鹤（左一）和郑子平
（抱骨灰盒者）护送聂耳骨灰回国，
出发前在东京留影

1937 年，聂耳的骨灰在故乡昆明下葬

田汉为悼聂耳所作七律

关押在南京的田汉，惊闻战友在日本遇难，当然悲痛万分。二十多年后，他撰文忆述：

这一年7月，我从南京国民党宪兵司令部的监狱出来的那天，听到聂耳去世的消息，真是无比震悼。党失去了一个年轻有为的音乐干部，我失去一个很好的合作者，这痛惜是双重的。当时我曾写了一首诗寄给在上海举行的聂耳追悼会：

一系金陵五月更，故交零落几吞声。
高歌共待惊天地，小别何期隔死生。
乡国只今沦巨浸，边疆次第坏长城。
英魂应化狂涛返，好与吾民诉不平。[1]

当年田汉获释，但不准离开南京，田汉只好寄诗遥拜、悼念战友。若干年后，田汉录此诗时，题款指聂耳在千叶海上遇溺，可见他在羁押期间，不是很容易接收到正确的传言。

《风云儿女》呼唤对祖国的责任

夏衍接手田汉留下的剧本梗概，改写成《风云儿女》电影台本，请许幸之做导演，抢时开拍。刚巧电通影业公司由斜土

1　田汉：《忆聂耳》，收录在《永生的海燕——聂耳、冼星海纪念文集》，31页。

路迁至荆州路 405 号 [1]，并盖搭好摄影棚。当年摄制电影主要是在摄影棚内搭景完成的。《风云儿女》便成为电通公司迁入新址之后摄制的第一部电影。

当时战云密布，东北游击队仍继续顽抗，《风云儿女》正与时局配合，演员和制作人员身负使命，全情投入拍摄，日夜开镜，至 4 月底，已大致拍摄完毕。大家正翘首等待聂耳早日寄回修订好的主题曲，以便配乐录音。

就在这时，聂耳的曲谱寄至，但曲谱上的题名仅写上"进行曲"三字。究竟是什么进行曲呢？大家都有点困惑！加之田汉的歌词也没有歌名，如何推介这首主题歌呢？又是朱庆澜将军挺身而出，他对"义勇军"怀有深厚的感情，曾为陈彬龢编的《东北义勇军》题签。这次他又果断地在"进行曲"三字前加上"义勇军"，于是雄壮的《义勇军进行曲》便成为抗日名曲。

聂耳寄回来的曲谱是手写的，据从事音乐工作的人士说：聂耳的手稿抄写得很认真，五线谱的标示非常精准，令人一目了然，毫无疑问。话虽如此，但要演奏好《义勇军进行曲》需要有配器的安排。导演许幸之只好找正在上海音乐专科学校攻读的贺绿汀，请他想办法。贺绿汀为慎重计，转请时任上海百代公司乐队指挥的俄籍犹太人音乐家阿甫夏洛莫夫帮忙。四十多年后，贺绿汀回忆如烟往事："因为那时他（聂耳）已去日本，便由我去找侨居上海的俄国作曲家阿甫夏洛莫夫代为配乐

1　当年上海荆州路 405 号是拍摄《风云儿女》的摄影棚，亦即国歌的诞生地。2009 年就在原地建立"国歌展示馆"，馆址则为杨浦区荆州路 151 号。

朱庆澜为陈彬龢所编《东北义勇军》题写书名

队伴奏，记得阿甫夏洛莫夫的配器写得比较潦草，我还要他修改过，这首歌后来成为救亡运动和抗日战争的号角。"[1]

接着就是要决定歌唱者。正巧 5 月初，电通影业公司的工作人员组成一支小小的合唱队，其成员有热爱唱歌的盛家伦、影片《自由神》的导演司徒慧敏、参演过《大路》的郑君里、名演员金山、《风云儿女》的演员袁牧之和顾梦鹤、新演员兼场记施超，共七人。在吕骥、任光等的鼓励下，他们练习了几天，便于 5 月 9 日在百代唱片公司录音棚内灌制了第一张《义勇军进行曲》唱片（唱片编号为 34848b）。唱片上的录音随后

1 贺绿汀：《回忆三十年代的聂耳》，收录在《永生的海燕 —— 聂耳、冼星海纪念文集》，74 页。

被转录到影片《风云儿女》的影带上。[1]这七名合唱队的成员便成为最早演唱《义勇军进行曲》的歌唱者。

呼唤时代的《风云儿女》在全体工作人员倾力奋战下，很快就全国公映了。1935年5月24日，《风云儿女》在上海金城大戏院首映。

《风云儿女》以"九一八事变"后的时代为背景——山河破碎，家国垂危。诗人辛白华（袁牧之[2]饰）和参过军的好友梁质夫（顾梦鹤饰）一起，从东北的家乡南逃至上海，租住在沪西一幢旧楼的小房。辛白华在上海文坛初露头角，梁质夫则在大学进修，尽管生活困苦，但两人英姿勃发，乐观地憧憬着美好的将来。

同一屋檐下，二楼住着一对境况更加凄凉的母女，女儿叫阿凤（王人美饰）。辛、梁二人对她们母女的遭遇极表同情，甚至典当物品代她们缴付房租。

世事多变，命运弄人。辛白华在一个文艺界的宴会上邂逅了刚离婚的富裕而美丽的少妇施夫人（谈瑛饰），并共堕爱河。梁质夫热血爱国，逐渐靠近提倡抗日的反政府组织。阿凤母亲突然病故，贫苦少女顿失依靠。幸好辛白华刚收到一笔稿费，便用这些钱将阿凤送进学校念书。但梁质夫因与"铁血团"有

1　据上海国歌展示馆资料。

2　袁牧之（1909—1978年），浙江宁波人。30年代初期参加左翼戏剧活动，其后致力于电影工作，先后主演了《桃李劫》《风云儿女》《生死同心》，又编导了《都市风光》《马路天使》。抗日战争期间，从事抗战文艺宣传活动。后来转到延安，编导了大型纪录片《延安与八路军》。1949年后，主要担任电影事业的领导工作。

关而被捕，寄放在住所的物品亦成为罪证。辛白华也受到牵连，慌忙逃逸，潜藏在施夫人的家里。

阿凤又再孤苦无靠，不能继续学业，唯有加入一个歌舞班，跟随大伙到北方各个城市表演。当阿凤来到青岛演出时，遇到观看歌舞的辛白华。原来施夫人带着他来青岛游玩，享受着美满的二人世界。辛白华毕竟是一个热血青年，他看过阿凤演的《铁蹄下的歌女》之后，大为震动，想起了沦陷的家乡、离别的亲人，还有挚友梁质夫，忽然觉醒起来，可惜很快又沉醉在爱恋之中。阿凤十分失望，继续随着歌舞班飘零、流浪。

梁质夫在各方的援助下，获保释出狱。他眼见敌人继续向华北推进，毅然北上参军。梁质夫不想辛白华忘记作为国民的责任，应要挺身为国。在出发前，他留信给辛白华，道出保家卫国之责。

在那战乱时代，梁质夫的书函辗转送到辛白华手上时，已经成为遗札——梁质夫在保卫古北口的战场上牺牲了。辛白华终于感悟，踏着梁质夫的血路，走到长城边，与来自各地的战友，为着不愿当亡国奴，冒着敌人的炮火前进！

电影主题很明显，不在儿女情长，而在时代风云。现今，有评论指主题太外露，但未曾经历过那战争时代的人，又怎会知道在民族危亡之际实在需要唤起民族魂，而《风云儿女》正是其中一道重要的呼声。

翻看当年电影上演时的广告，可以看到其中一些端倪。先从制作人员的名单来看：

《风云儿女》在荆州路405号电通公司的摄影棚内拍摄

影片《风云儿女》男女主角辛白华（左一，袁牧之饰）、阿凤（左二，王人美饰）

《风云儿女》的剧照，男女主角为辛白华（左一，袁牧之饰）、阿凤（左二，王人美饰）

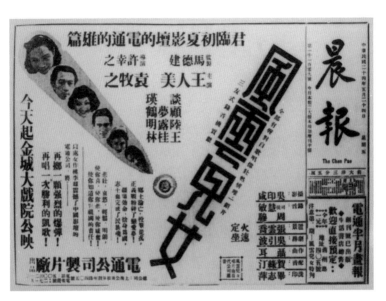

1935年5月24日，《风云儿女》
在上海金城大戏院首映时的广告

监制：马德建　导演：许幸之

主演：王人美　袁牧之　谈瑛　顾梦鹤　陆露明　王桂林

摄影：吴印咸　录音：司徒慧敏　周骖

置景：张云乔　剧务：吴引渡

作曲：聂　耳　配乐：贺绿汀

洗印：毕志萍

这里显然缺少了编剧（或剧本）和填词人两项，原因是田汉身陷囹圄，不好放上他的姓名。

再看宣传用语，那是呼吁大家在国家危急之际要有所警醒：

悲壮、哀愁、轻松、明朗，使你喜，使你悲，使你感奋，使你知道你对祖国的责任！

《风云儿女》令人感奋，但谁也不能不承认主题歌《义勇军进行曲》最为激动人心。当时上海的《申报》《时报》《晨报》《中华日报》等报章，都纷纷刊出《义勇军进行曲》的词谱。电通影业公司旗下的《电通》画报在第二期刊出了以长城和义勇军为背景的《义勇军进行曲》词谱，并于上方嵌以"还我山河"四字，右下方更缀以《风云儿女序诗》，成为《义勇军进行曲》最早的一张宣传品。

《风云儿女》在上海首映后，卖座情况好，观众踊跃，接着在全国各大城市上映。主题歌《义勇军进行曲》唱出人民不要妥协要抗日的心声，瞬即广为传播。

各地热唱抗日歌，美国发行《起来！》唱片

日本军国主义者的野心愈来愈大，妄想吞并中国，制造他们的"大东亚共荣圈"。1937 年 7 月 7 日爆发的"卢沟桥事变"，迫使中国进入全面抗日战争时期。

而田汉在徐悲鸿和宗白华的帮助下，虽获准保释，但仍监视居住，不得离开南京。"卢沟桥事变"之后，田汉恢复自由，继续运用他的文笔，号召保家卫国，抵抗日寇。

雄壮的《义勇军进行曲》犹如抗日战争的号角，前线后方都高唱："起来！"夏衍曾撰文回忆说："《义勇军进行曲》插上翅膀很快就传遍了长城内外、大江南北，成为鼓舞中华儿女抗日救亡的战斗号角，并流传海外。"

聂耳的好友刘良模是青年会的总干事。他在青年会组织了"民众歌咏会"，教他们合唱《义勇军进行曲》《大路歌》《开路先锋》《毕业歌》等励志激昂的爱国歌。这些歌无疑唱出了他们内心想要发出来的呼声，所以越唱越爱唱。1936 年 6 月 7 日，上海公共体育场（今方斜路 515 号）举行"第三届民众歌咏会"大合唱，刘良模指挥五千多人高唱《义勇军进行曲》等救亡歌，轰动了全城。其后，抗日战争全面展开，刘良模更加投入推广抗日战歌，从上海往北到北平、天津，直至绥远（今呼和浩特）的傅作义部队；往南到福建、广东，一直到香港，把群众组织起来，高唱抗日救亡歌曲。刘良模曾说："聂耳和冼星海是制造抗

1935年6月1日出版的《电通》画报,刊出《义勇军进行曲》词谱

百代唱片公司于1935年5月发行的第一张《义勇军进行曲》唱片

1936 年 6 月 7 日，刘良模在上海西门公共
体育场指挥数千群众高唱《义勇军进行曲》

战救亡歌曲的工厂，而我只是他们歌曲的推销员。"[1]

另一方面，曾留学法国的任光也到东南亚推动抗日救亡歌咏运动。1938 年春，任光前往巴黎出席反对法西斯侵略运动大会，指挥巴黎华侨合唱团登台演唱《义勇军进行曲》。冼星海和张曙于"卢沟桥事变"一周年之日，在武汉指挥逾万群众高唱《义勇军进行曲》。

刘良模全力推动抗日救亡歌咏运动，令敌人恨之入骨。蒋介石的国民政府常怀对日妥协之意，所以一直盯紧刘良模的活动，形势对刘良模愈来愈危险。1940 年夏，刘良模偕妻子陈维姜避走国外，漂洋到美国。其时，有美国人组织了"美国医药援华会"，他们通过宋庆龄女士，将药物送到中国内地，支援中国抗日。这些支持中国抗日的美国团体，便邀请刘良模讲述日本侵华的罪行。刘良模又是讲又是唱；唱出激昂的抗日战歌，引起了美国人的震动和回响。后来，刘良模又在纽约唐人街组成华侨青年合唱团，由他教唱抗战歌曲，如《救国军歌》《大刀进行曲》《义勇军进行曲》等。合唱团把这些战歌唱给华侨和美国人民听，起到宣传抗日的作用。[2]

在朋友的介绍下，刘良模认识了美国著名黑人歌手保罗·罗伯逊。刘良模唱了很多中国抗战歌曲给他听，他最喜欢聂耳的《义勇军进行曲》。他说，"起来，不愿做奴隶的人们！"不但唱

1　参见刘良模：《纪念聂耳七十诞辰》，收录在《纪念聂耳诞辰七十周年文集》，武汉，1982 年，75 页。

2　参见刘良模：《中国抗战歌曲在美国》，收录在《纪念聂耳诞辰七十周年文集》，204 页。

出了中国人民争取自由解放的决心，也唱出了全世界被压迫的人民，包括美国黑人在内争取自由解放的决心。刘良模将歌词译成英文，又教罗伯逊用中文来唱。原来罗伯逊曾习中文，所以很快就能用准确的中文唱出《义勇军进行曲》。此后，罗伯逊每每在他的演唱会中以中英文来唱《义勇军进行曲》。其中最为轰动的是在纽约路易桑那露天剧场的演唱会上，到最后的压轴歌，罗伯逊转以中文唱出雄壮的《义勇军进行曲》，全场七千多美国民众发出尖叫。演唱会结束，民众都唱着"起来！"而散去。由于美国人十分喜爱这首歌，把这首歌叫作《起来！》，刘良模便邀请保罗·罗伯逊和华侨青年合唱团一起，录制了一张中国抗战歌曲的唱片，名为《起来——新中国之歌》(*Chee Lai!: Song of New China*)，其中压卷之作当然是《义勇军进行曲》。当年，宋庆龄女士还专门为唱片撰写了英文序言，而出售这张唱片所得到的收入，就捐给中国作为支持中国人民抗战之用。[1]

1941 年底，日本偷袭珍珠港，美国向日本宣战，中国和美国成了同盟国，美国的反法西斯运动愈来愈高涨，雄壮激昂的《义勇军进行曲》甚受欢迎，电台也经常播放。据说罗伯逊曾问刘良模，《义勇军进行曲》是否中国的国歌，其旋律可以是国歌之选。[2] 这不愧是知音人，而且是一位外国的知音人！

美国的知音人还不止罗伯逊。1944 年轴心国已呈败绩，同

1　聂耳、冼星海学会：《纪念聂耳诞辰七十周年文集》，205 页。又北京宋庆龄故居及上海国歌展示馆均藏有并展出美国发行的保罗·罗伯逊唱的《起来——新中国之歌》唱片。

2　紫茵：《我们的国歌》，76 页。

1940 年，美国著名黑人歌手保罗·罗伯逊参加
"保盟"艺术团在美国的募捐义演（左一是刘良模）

1940 年，美国著名黑人歌手保罗·罗
伯逊在纽约路易桑那露天剧场用中英
文高唱《义勇军进行曲》

1941 年，保罗·罗伯逊录制的抗战歌曲唱片《起来！—— 新中国之歌》

宋庆龄女士为保罗·罗伯逊的《起来！—— 新中国之歌》唱片撰写英文序言

法国出版的《义勇军进行曲》唱片（片名为《起来》）。
A copy of a French recording of "March of the Volunteers" (called "Stand Up").

捷克出版的《义勇军进行曲》唱片（片名为《起来》）。
A copy of a Czech recording of "March of the Volunteers" (called "Stand Up").

法国、捷克录制的《义勇军进行曲》唱片（亦名《起来》）

盟国胜利在望。美国著名音乐指挥家福尔希斯向美国国务院提议，在盟国胜利之日，拟准备各国凯旋之歌在电台播放。于是美国国务院文化关系科代科长皮格便特别选定各国具影响力的歌曲作为代表，入选的名曲包括：

中国：《义勇军进行曲》；

美国：《美丽的美利坚》《美国人的山歌》《甜蜜的家乡》；

英国：《哈里路亚合唱》；

苏联：《联合国歌》《斯拉夫进行曲》；

法国：《英雄曲》《马赛曲》《神羊祈祷曲》《安魂曲》。[1]

在第二次世界大战期间，印度陆里广播电台也选用《义勇军进行曲》作为对华广播的前奏曲。[2]

中华人民共和国国歌的不二之选

"九一八事变"之后，中国人民为保家卫国，起来抗战。这场战争真是持久战，足足打了十四年。中华民族以不屈不挠的精神，与凶残的敌人作殊死战斗，最终取得胜利。但大好河山已是一片破落、稀烂。可是战争仍没有结束，蒋介石又再次"剿共"，内战瞬即爆发。结果是装备落后但得人心的中国共产党率领的解放军，打败了国民党军。1949 年 10 月 1 日，中华人民

1　聂耳、冼星海学会：《纪念聂耳诞辰七十周年文集》，内收吕骥撰《"我是为社会而生的"》一文，8 页；又参见王懿之：《聂耳传》，288 页。

2　聂耳、冼星海学会：《纪念聂耳诞辰七十周年文集》，内收吕骥撰《"我是为社会而生的"》一文，8 页。

共和国成立，定都北京。

在宣告新中国成立之前的几个月，各界精英和各民主党派人士云集京城，召开政治协商会议，筹组新政府。每一项决定都是极其重要的国家大事，其中就有国歌的选定。

1949 年 6 月 15 日，新政治协商会议筹备会第一次会议召开。翌日，周恩来在中南海主持了筹备会常务委员会第一次会议，通过下设六个小组，其中拟定国旗、国徽及国歌方案，均由第六组负责。

第六组在采选国旗、国徽和国歌的工作方面做出了很大贡献。2014 年中央档案馆将有关档案一百六十件解密，全文扫描影印汇编为《中华人民共和国国旗国徽国歌档案》，交付出版。[1] 这些珍贵的资料，有助我们了解国旗、国徽及国歌诞生的背景和过程。以下就集中翻阅有关国歌的档案。

第六组的成员是：

组　长：马叙伦 [2]

副组长：叶剑英　沈雁冰

组　员：张奚若　田汉　马寅初　郑振铎　郭沫若　翦伯赞

1　中央档案馆编：《中华人民共和国国旗国徽国歌档案》（上、下卷），中央文史出版社，2014 年。

2　马叙伦（1885—1970 年），字夷初，浙江杭县人。早年加入同盟会，曾在北京大学讲授老庄哲学，并曾出任北洋政府和国民党政府的教育部次长。"九一八事变"后，任北平文化界抗日救国会和华北民众救国联合会主席。抗日战争胜利后，发起组织中国民主促进会。1949 年出席全国政协第一届全体会议，后历任政务院文化教育委员会副主任、全国人大常委、全国政协副主席。治学颇广，训诂、诗词和书法皆有独到之处，亦长于审音顾曲。著有《说文解字六书疏证》等。1970 年逝世，藏书二万余册悉赠辅仁大学。

田汉、聂耳合创中国国歌　**119**

钱三强　蔡畅　李立三　张澜　陈嘉庚

欧阳予倩　廖承志

秘　书：彭光涵

第六组第一次会议于 7 月 4 日举行，通过了：（一）拟定国旗、国徽、国歌征求条例；（二）设立两个委员会，国旗国徽图案初选委员会和国歌词谱初选委员会，其中国歌词谱初选委员会成员共五人：田汉、沈雁冰、钱三强、欧阳予倩、郭沫若。又同意聘请专家加入委员会。

新政治协商会议筹备会于 7 月 16 日开始在北平、天津、沈阳、哈尔滨、大连、上海、汉口、济南、青岛、开封、西安、南京、香港等十三个城市的各大报章，刊出《征求国旗国徽图案及国歌词谱启事》。第一期刊出是由 7 月 16 日起连续一个星期，第二期是隔天刊出直到 8 月 20 日截止日期。[1]

8 月 5 日，第六组第二次会议的其中一项决议，就是聘请马思聪、贺绿汀、吕骥、姚锦新四位专家为国歌词谱初选委员会的顾问。

8 月 18 日至 20 日就应征来稿进行评选，并定 8 月 23 日开国歌词谱初选委员会会议。接着第二天是第六组的第三次全体会议，仍由马叙伦主持。其中讨论国歌时，欧阳予倩说："有的长篇大论，好像长诗。"马叙伦回答："昨天审查歌词已有意见谓：除限二百字外最多写四段，内容要照顾到情绪、庄严、愉

1　中央档案馆编：《中华人民共和国国旗国徽国歌档案》（上、下卷），13—15 页。

快、奋发……"[1]会上作出对国歌方面的决议：

一、歌词复选提出十三件，复印二百份，以备提供参考。

二、因复选提出的歌词似尚未臻完善，仍由文艺专家继续拟制。

三、据专家意见小组预选提出之国歌歌词经常委预选后即制定曲谱，并登报公布征求群众团体试唱后再作最后选定，但需要经过相当时间，此种意见是否可以采纳，请常委会决定。[2]

原来，征稿启事刊出后，反应热烈，全国稿件如雪片飞至，国歌共征集得乐曲六百三十二件，歌词六百九十四件。在这些歌词稿件中，复选出十三件送交常委会作评审。现将进入复选的国歌歌词摘录四首以供参阅：

初三号的第一节

做大的中华

人民的中华

从黑暗到光明

战斗的红旗号召前进

万众一心　打倒内外敌人

新的中华；永远　不可　战胜

万岁！中华人民共和国

万岁！中华民族彻底解放，太阳照四方

1　中央档案馆编：《中华人民共和国国旗国徽国歌档案》（上、下卷），84 页。

2　中央档案馆编：《中华人民共和国国旗国徽国歌档案》（上、下卷），88 — 89 页。

初八十七号（一）

革命的火，越烧越红。

革命的人民，越来越众；

毛泽东，毛泽东领导我们烧火又打铁；

我们勤劳，我们英勇，

中华人民共和国，

是我们铁打的英雄！

初六十八号

长江万里浪滔滔，

锦绣河山，红光普照！

东方的太阳起来了，

五千年古国在欢笑！

四万万同胞一条心，

走上了新民主光明的大道！

人民民主有力量，

新的中国要怒吼！

我们是爱好和平的民族，

一定要把和平的社会创造！

初八十八号（一）

人民中国　雄立亚东

光芒万道　辐射长空

艰难缔造庆成功

胜利红旗遍地红

生者众　物产丰

工农长作主人翁

使我光荣祖国

稳步走向大同 [1]

　　选出的歌词还要登报征求谱曲，然后再试唱，最后作评审表决。按这样的程序，能赶得及 10 月 1 日的开国大典吗？无怪乎第六组的委员既焦急又担心。他们意识到在短时间内全新创作一首歌曲，可以令大多数人接受而又赞同成为国歌，实在不是想象中那么容易。于是转过来集中从已经广泛传唱的爱国歌曲中排序审听，据说进入遴选的歌曲包括：冼星海的《救国军歌》（塞克词）、《在太行山上》（桂涛声词），郑律成的《延安颂》（莫耶词）、《延水谣》（熊复词），张寒晖作词作曲的《松花江上》，任光的《渔光曲》（安娥词），孙慎的《救亡进行曲》（周钢鸣词）以及田汉作词、聂耳作曲的《义勇军进行曲》等。[2]

　　最早建议用《义勇军进行曲》为国歌的是大画家徐悲鸿。他在法国留学时，对法国国歌《马赛曲》有深刻印象，徐悲鸿认为很多国家都会考虑选用在民间已广泛流传并已被接受的歌曲为国歌，《义勇军进行曲》深入人心，在国内外都有很高的声誉，所以十分值得考虑。加上刘良模将《义勇军进行曲》在美国热唱的

1　中央档案馆编：《中华人民共和国国旗国徽国歌档案》（上、下卷），95—113 页。

2　紫茵：《我们的国歌》，75 页。

情况作了详细介绍，引起大家的共鸣，赞成推荐给大会。[1]

时间越来越紧迫，已经到了 9 月下旬，无论如何也得有个定案。为此，特别召开一个重要的座谈会。

根据《中华人民共和国国旗国徽国歌档案》所载的档案图片，可以看到座谈会的主要发言摘录，现引如下：

国旗国徽国歌纪年国都协商会座谈会

地　点：中南海丰泽园

时　间：九月廿五日下午八时

出席者：毛主席　周恩来　郭沫若　沈雁冰　黄炎培

　　　　陈嘉庚　张溪（奚）若　马叙伦　田汉　徐悲鸿

　　　　李立三　洪深　艾青　马寅初　梁思成　马思聪

　　　　吕骥　贺绿汀[2]

会上先就国旗、国徽、纪年、国都的方案进行讨论和协商，并得到了定案。最后来到国歌的提案：

马叙伦：我们政府就要成立，而国歌根据目前情况一下子
　　　　还制不出来，是否我们可暂时用《义勇军进行曲》
　　　　暂代国歌。

×××：曲子是很好，但词中有"中华民族到了最后关头"

1　紫茵：《我们的国歌》，75、76 页；又见田申：《我的父亲田汉》，137 页。

2　中央档案馆编：《中华人民共和国国旗国徽国歌档案》（上、下卷），292 页。

不妥，最好词修改一下。

张奚若、梁思成：我觉得该曲是历史性的产物，为保持它
　　　　　　　　的完整性，我主张曲词都不修改。

徐悲鸿：该进行曲只能暂代国歌。

郭沫若：我赞成暂用它当国歌，因为它不但中国人民会
　　　　唱，而且外国人民也会唱，但歌词修改一下好些。

黄炎培：我觉得词不改好些。

田　汉：我觉得该曲是好的，但歌词在过去它有历史意
　　　　义，但现在应让位给新的歌词。这词并不是聂耳
　　　　写的，我们因写完了一段词就被捕，因此就用聂
　　　　耳名义发表。

周恩来：要吗就用旧的歌词，这样才能鼓动情感，修改后
　　　　唱起来就不会有那种情感。

毛主席：改还是要改，但旧的还是要。

柯仲平：我赞成用《义勇军进行曲》暂代国歌，但希望大
　　　　家去写国歌，但不要用国歌来宣布，在群众考验
　　　　后再做决定。

（最后大家一致赞成用《义勇军进行曲》暂代国歌）

（毛主席、周恩来和大家合唱《义勇军进行曲》而散会。）

彭光涵

本稿未经出席人校定。[1]

1　中央档案馆编：《中华人民共和国国旗国徽国歌档案》(上、下卷)，297—298页。

以上的协商座谈实录，是一篇十分重要的历史文献。今试作分析如下：

一、这篇座谈会的记录是主要发言的摘录，不是所有发言的实录。

二、秘书彭光涵十分负责，在记录完毕后声明："本稿未经出席人校定。"但我们相信与原来的发言相差不会很大。其中有作"×××"的地方，在下面有涂去的"黄炎培"名字，经查核不是黄炎培的发言，但又不知是谁的讲话，便用上"×××"作代，可见其尽责之处。

三、最后记录的发言人柯仲平，出席者名单不具其名，可能是漏记，又或者是中途出席。

四、田汉是《义勇军进行曲》的词作者，他不好意思投自己一票，但点出歌词有其历史意义，如今要成为国歌，愿意"让位给新的歌词"。这样的发言，表现出田汉识大体、够风度。

五、周恩来全力支持沿用旧歌词，否则唱不出那种情感来，可见周恩来对《义勇军进行曲》是有深度认识的。据传闻提出修改歌词的人认为：新中国成立了，歌词"中华民族到了最危险的时候"是否还适用？周恩来不同意，很有远见地指出：新中国还要面对帝国主义和敌对势力的破坏、攻击，现在谁说我们就不危险了？ [1]

---

1 紫茵：《我们的国歌》，76 页。

历史意义，但现在应该谱新的歌词。这词并不是聂耳写的，我们因写多了一段词就被捕，因当议用聂耳早名义替写。

周思史：要吗就用旧的歌词，这样才能鼓动情感，修改后唱起来就不会有那种情感。

毛主席：改是要改，但旧的还是要。

柯伸年：我赞成用义勇军进行曲暂代国歌，但希望大家会写国歌，但不要用国歌来定稿，在经过实践验后再做决定。

（最后大家一致赞成用义勇军进行曲暂代国歌。）

（毛主席因周思来和大家合唱义勇军进行曲毕而散会。）

记录国歌诞生的档案，出自《中华人民共和国国旗国徽国歌档案》（中央档案馆编，中央文史出版社2014年出版）

田汉、聂耳合创中国国歌   127

六、毛泽东的讲话，有点打圆场的意思，但最后一句——"旧的还是要"，就被视为同意，再没有争议了。

七、一直有传说讨论结束，周恩来提议全体起立，由他指挥带领大家齐唱《义勇军进行曲》。从这篇实录来看，传闻得到证实。

八、第六组委员从征集国歌词谱开始，希望征得一首全新创作的完美国歌，结果无功而还，转而从已经广泛传唱的爱国歌曲中挑选，其过程一丝不苟、严肃处理，真是千挑万选，最后选出《义勇军进行曲》，但还是十分审慎地用作"暂代国歌"，处处表现出严肃、谨慎、不草率行事的尽责态度。

两天后的 9 月 27 日，中国人民政治协商会议第一届全体会议历史性地召开，第六组委员提交的四个方案均获得大会通过，它们是：

一、中华人民共和国的国都定于北平。自即日起，北平改名为北京。

二、中华人民共和国的纪元采用公元。今年为一九四九年。

三、在中华人民共和国的国歌未正式制定前，以《义勇军进行曲》为国歌。

四、中华人民共和国的国旗为红地五星旗，象征中国革命人民大团结。[1]

政协第一届全体会议表决国歌的一刻，在上海国歌展示馆

1　中央档案馆编：《中华人民共和国国旗国徽国歌档案》（上、下卷），314 页。

内可以看到当时的录像片段。今将语音笔录，重温周恩来主持表决国歌的实况。

周恩来以清亮的语音提议：

在中华人民共和国的国歌未正式制定前，以《义勇军进行曲》为国歌，赞成的请举手。请放下。不赞成的请举手。怀疑和弃权的请举手，哦！有一位弃权。我们现在以绝大多数通过《义勇军进行曲》为我们现在的国歌！（场上响起雷鸣般的掌声）

1949年10月1日，毛泽东主席向全世界宣布："中华人民共和国中央人民政府今天成立了！"接着鸣放二十八响礼炮，鲜艳的五星红旗伴随着雄壮的国歌《义勇军进行曲》徐徐升起，田汉的儿子田申正参加接受检阅的坦克车队，向天安门行进。田申正是当年聂耳演出《扬子江暴风雨》时抱在怀中的"孙儿小栓子"。后来，田申入读军校，参加对日作战的印缅战役。解放战争时期，他已在华北军区的炮兵部队，并参加对北平的围城。接受检阅时，他内心无比激动，热泪盈眶：那新的国歌，是父亲田汉作词、聂耳叔叔谱曲的，如今自己在开国大典中接受检阅，在国歌声中行进，那是多么的自豪、何等的幸福啊！

在"文革"期间，国歌受到干扰，有一段时间，只奏《义勇军进行曲》而不唱歌词。1978年3月，第五届全国人民代表大会第一次会议通过了集体重新填词，弃用田汉原作的歌词。

赞成的请举手　请放下

1949 年 9 月 27 日，政协第一届全体会议上周恩来主持表决国歌的时刻

1949 年 9 月 28 日的《人民日报》报道国旗、国歌及纪年均已议决通过的消息

1953 年，田汉（左三）来到昆明聂耳墓前凭吊

郭沫若、欧阳予倩、田汉、李伯钊、夏衍、陈其通欢聚一堂

这集体填的词是要表达国家在新时代的奋进。歌词的全文如下：

前进！各民族英雄的人民，

伟大的共产党领导我们继续长征。

万众一心奔向共产主义明天，

建设祖国保卫祖国英勇地斗争。

前进！前进！前进！

我们千秋万代，

高举毛泽东旗帜前进！

高举毛泽东旗帜前进！

前进！前进！进！

歌词流于简单口号化，又有个人崇拜倾向，并不受欢迎，所以接下来的几年间，人们唱着国歌的新歌词总觉得不对味，就像周恩来当年曾说的，鼓动不起情感来，所以很多人还是唱着喜爱的原作歌词。

1982 年 12 月 4 日下午，第五届全国人大第五次会议通过《关于中华人民共和国国歌的决议》：恢复《义勇军进行曲》为中华人民共和国国歌，撤销本届全国人大第一次会议的关于中华人民共和国国歌的决定。决议刚通过，全场响起热烈的掌声。与会的八十三岁全国政协常委夏衍老人尤其激动，这位曾和田汉、聂耳一起战斗过的文艺界老前辈，接受新华社记者邹爱国访问时，深情地回忆了近半个世纪前《义勇军进行曲》诞生的经过，以及牵动人心的词曲。以下是邹爱国的报道：

"--支好的革命歌曲的力量是难以估量的。"夏老挥着手臂说。《义勇军进行曲》诞生后，迅速响遍祖国大地。无数革命志士在冲锋陷阵时唱着它，在阴暗潮湿的黑牢里唱着它，在走向敌人的刑场时唱着它，在街头同国民党反动派搏斗时唱着它。在抗日战争中、在解放战争中，它都起了巨大的鼓舞作用。它在人民心中保持了强大的生命力。

老人稍作停顿，平静了一下心情接着说："无论你走到哪里，在全世界，只要你听到它那振奋人心的旋律，你就会感到这是中华民族的歌，是伟大新中国的象征，一种民族的自豪感油然而生。"

夏老感慨地说："新中国成立前夕，中国人民政治协商会议一致通过决议，在国歌未正式制定前，以《义勇军进行曲》为代国歌，这体现了全国各族同胞的心愿。可是'文化大革命'开始以后，歌词不让唱了，因为田汉在被打倒之列。"

谈起十年内乱的遭遇，夏老的心情沉重。他接着说："1978年受'左'的思想的影响，改定国歌歌词，各方面对这一直有不同意见。这次全民讨论宪法修改草案中，各地各方面要求恢复国歌的原来歌词，确定《义勇军进行曲》为国歌。现在人代会决定恢复国歌原词，意义深长，我举双手赞成！"

谈到这里，夏老的声调高了起来："人们唱着《义勇军进行曲》，不会忘记这首歌词、歌曲的作者田汉和聂耳，不会忘记祖国过去受侵略、受压迫的苦难，不会忘记抛头颅、洒热血的英勇斗争，不会忘记今天的社会主义江山来之不易。唱着它，我们会居安思危，会鼓舞着我们前进，前进，沿着党的十二大指引的航向，为开创社会主义现代建设的新局面，不断前进！"[1]

夏衍是《义勇军进行曲》的催生者，是田汉、聂耳的上司，又同时并肩作战，可惜他们先后离世，剩下他为捍卫《义勇军进行曲》的词谱继续苦斗。今一旦恢复原词，夏老当然感慨万千，将心坎内的话尽情倾诉。

到了2004年3月14日，第十届全国人民代表大会第二次会议在北京举行，通过提交的《中华人民共和国宪法修正案》，在宪法第一百三十六条增加一款，接成："第二款：中华人民共和国国歌是《义勇军进行曲》。"

《义勇军进行曲》创作于白色恐怖年代，吹响抗日战争的号角，在战火中传唱，在大后方高唱，声蜚海外，闻者动容感奋，在赞誉声中被选为暂代国歌。"文化大革命"期间，虽然只奏不唱，乃至后来改换歌词，但人心所向，很快就恢复原创歌词。经历这样漫长、苦涩的考验，加上十三亿知音人的支持和爱戴，《义勇军进行曲》获得通过，写入宪法，成为国歌，不再是代国歌，充分显示出众望所归。田汉作词、聂耳作曲的《义勇军进行曲》是中华人民共和国国歌的不二之选。

国歌是一个国家的象征，必须受到尊重。在国与国的交往

1　参见邹爱国：《我们万众一心，前进！——夏衍谈〈义勇军进行曲〉》，发表于新华社北京1982年12月4日电。此文后来入选《新华社建社七十五周年纪念文丛》。

中，很多场合都会奏放国歌。这个时候，无论听到的是外国的或者是自己祖国的国歌，作为现代文明人，都应该起立肃静。如果是自己的国歌，可以同声齐唱，以示尊重；不管和与会的外国在情感或其他方面有什么纠葛，也得起立肃静。但社会上有部分人可能不是很习惯和在意这种礼仪，在奏放国歌时，散漫懒理，没有肃立，甚至做出侮慢的举动，令人摇头生厌。

一生投入军乐演奏、目前指挥演奏国歌最多的指挥家于海，很自豪中国有《义勇军进行曲》成为国歌，因为外国的同行也称赞中国的国歌是世界上最好听的国歌之一。而于海又是十分熟悉国歌礼仪的研究者，他回忆起 20 世纪 90 年代在国外演出，很多国家的观众在本国国歌响起时，或立定注目，或右手捂在胸口，那种虔诚令人肃然起敬。但中国国民却比较缺少这样的意识，国歌响起，仍然我行我素，好像不知道自己是中国人似的。他又很不满意在一些大型活动奏国歌时，国人有的不肃立、不脱帽，军人不敬礼，有的东张西望、交头接耳，表现出对国歌的不尊重。[1]

于海参考了外国对国歌所表现的礼仪，决心要在中国推动为国歌立法。他眼看《国旗法》和《国徽法》都已实施了二十多年，没有理由不为国歌立法的。2008 年，于海当选为全国政协委员，他马上为争取国歌立法提出建议：一、将国歌的正式文本、演奏或演唱场所与时间、制作与发行以及对侮辱或肆意破坏国歌形象的惩治等内容进行立法；二、针对国歌的违法

1　紫茵：《我们的国歌》，152 页。

犯罪，应在行政法、刑法中得到体现，如随意播放国歌、随意增删歌词和乐谱、肆意改编国歌音乐等行为应及时制止，严重者追究其法律责任；三、进行公民国歌与宪法意识的教育。他又特别提到个别运动员在演奏国歌时起立不迅速、注意力不集中、姿态不端正等问题，应认真教育和训练，使其增强对国家与民族的意识。[1]

在各方面的推动下，2017年9月1日，第十二届全国人大常委会第二十九次会议，以一百四十六票赞成、一票弃权，表决通过了《中华人民共和国国歌法》，并公布于同年的10月1日起在内地正式实施。2017年11月4日，第十二届全国人大常委会第三十次会议决定将全国性法律《中华人民共和国国歌法》列入《中华人民共和国香港特别行政区基本法》附件三和《中华人民共和国澳门特别行政区基本法》附件三。根据香港特别行政区和澳门特别行政区基本法的规定，列入附件三的全国性法律，也必须在特别行政区实施。因此，香港和澳门应按照法律程序，将《中华人民共和国国歌法》纳入基本法附件三，并进行本地立法，予以实施。

全国人大常委会审议通过的《中华人民共和国国歌法》，主要内容有：

一、中华人民共和国国歌是中华人民共和国的象征和标志；

二、一切公民和组织都应当尊重国歌，维护国歌的尊严；

三、奏唱国歌时，在场人员应当肃立，举止庄重，不得有

1　紫茵：《我们的国歌》，174—175页。

不尊重国歌的行为；

四、国歌不得用于或者变相用于商标、商业广告，不得在私人丧事活动等不适宜的场合使用，不得作为公共场所的背景音乐；

五、中小学应当将国歌作为爱国主义教育的重要内容；

六、在公共场合，故意篡改国歌、曲谱，以歪曲、贬损方式奏唱国歌，或者以其他方式侮辱国歌构成犯罪的，依法追究刑事责任。

香港特别行政区政府和澳门特别行政区政府深明《国歌法》的重要，即于 2018 年启动本地立法程序。同时，港澳两地的特区政府还会加强推广宣传国歌的历史和意义，并在学校展开国歌的教育，让学生、年青人认识到国歌可以激励自己的民族，团结奋勇向前。当然，作为现代人，还要懂得尊重外国人士的国歌。

为民请命，孤灯自明灭

随着国共合作抗日，田汉获准离开南京，重获自由。他再投入笔战，办报和撰写剧本，继续号召民众共赴国难，抵抗敌人。他送子（田申）上前线，题诗共勉："莫负平生志，田家父子兵。"日本败降，田汉回到上海，即创作《丽人行》话剧，塑造出三个不同类型的妇女，在重重困难中，承当着一个民族的劫运。[1]话剧连演二十六天，五十多场都爆满，改编成电影，又大获成功。

1　田申：《我的父亲田汉》，124 页。

这时，国共谈判破裂，中共驻沪办事处撤离上海。为做好团结戏剧界、统战文化人的工作，上海文化界于 1947 年 3 月 13 日举办"田汉五十寿辰暨创作三十周年纪念会"，借田汉的名望，通过祝寿活动扩大影响、壮大声势。莅临人士超过千人，来宾包括德高望重的民主老人沈钧儒、柳亚子，左翼文化界代表人物郭沫若，作家叶圣陶，京剧名伶梅兰芳、周信芳，话剧界名士洪深、熊佛西、唐槐秋、应云卫、曹禺，以及顾梦鹤、白杨、舒绣文、张瑞芳、秦怡等一批明星演员，就连国民党在上海文化界的头面人物潘公展也出席了。

庆贺会由洪深主持，他称赞田汉是一个"打不怕、骂不怕、穷不怕、写不怕的硬汉子"。

郭沫若在致辞时更大赞这位同道："寿昌（田汉），不仅是戏剧界的先驱者，同时是文化界的先驱者 …… 中国各项新兴的文化部门中，进步得最为迅速而且有惊人成绩者要数戏剧电影，而寿昌在这儿是起着领导作用的 …… 寿昌是一个精力绝伦的人，为了前进的事业，为了服务大众，他比任何人都能够吃苦，衣食住就到最低的水平 ……"[1]

郭沫若又挥毫写下颂词："肝胆照人，风声树世，威武不屈，贫贱难移，人民之所爱戴，魑魅之所畏葸，莎士比亚转生，关马郑白难比，文章传海内，桃李遍天涯，春风穆若，百世无已。"[2]

1　田申:《我的父亲田汉》，129 页。

2　田申:《我的父亲田汉》，128 页。

接着，叶圣陶献了诗，其中有句："众体兼收时出新，贯之以一为人民。"沈钧儒亦写了祝寿词，颂扬田汉"在文化上、戏剧上的贡献，是值得宝贵重视的"。

田汉受到众星捧月般的赞颂，似达到荣誉的巅峰，但最重要的是争取了许多文化人站到左边的阵营。

新中国成立之后，田汉成为全国剧协的领导人，创作减少了。他经常到各省市去开会，指导戏剧的发展。1953年，田汉来到云南，他没有忘记要到聂耳墓前凭吊，追怀战友。经过多次的巡访，他在1956年发表了《必须切实关心并改善艺人的生活》。紧接着，他再发表《为演员的青春请命》，诚挚希望争取到领导的关怀和支持。

创作是田汉的本行，他是万万舍不得的。1958年，乘着"大跃进"的高潮，田汉也为自己定下十部剧作的创作计划。他接连写了两部历史剧——《关汉卿》和《谢瑶环》，内容主要都是描述主人公不惧恶势力，敢于为民请命，结局却一反喜庆完场，反而是悲剧收场。当时，在全国引起很大回响，尤其是《关汉卿》，几乎获得一致好评，誉满梨园，成为田老晚年的一大杰作。那阕《双飞蝶》，尽显田汉的才情，成为不朽名作，谨录如下：

> 将碧血，写忠烈，
> 作厉鬼，除逆贼。
> 这血儿啊，化作黄河扬子浪千叠，
> 长与英雄共魂魄！

强似写佳人绣户描花叶，

学士锦袍趋殿阙；

浪子朱窗弄风月。

虽留得绮词丽句满江湖，

怎及得傲干奇枝斗霜雪？

念我汉卿啊，

读诗书，破万册，

写杂剧，过半百。

这些年风云改变山河色，

珠帘卷处人愁绝，

都只为一曲《窦娥冤》!

俺与她双沥苌弘血，

差胜那孤月自圆缺，

孤灯自明灭！

坐时节共对半窗云，

行时节相应一身铁；

各有这气比长虹壮，

哪有那泪似寒波咽！

提什么黄泉无店宿忠魂，

争说道青山有幸埋芳洁。

俺与你发不同青心同热，

生不同床死同穴！

待来年遍地杜鹃花，

看风前汉卿四姐双飞蝶。

相永好，不言别！

好一出《关汉卿》，惹得周恩来总理痴迷，竟和田汉讨论剧情，建议改成悲剧。他认为元朝的高压情况，是"不让关汉卿和朱帘秀一道走，也就是'蝶分飞'。改成悲剧结尾⋯⋯"[1]。

后来，广东粤剧改以悲剧收场，由马师曾和红线女主演。粤剧团赴朝鲜交流演出，先在北京热演，马师曾和红线女演得极为入戏传神，俨如关汉卿、朱帘秀再世。田汉一连看了三次，赞不绝口，填《菩萨蛮——送〈关汉卿〉访朝》词，亲书墨幅，赠给马师曾、红线女。词曰：

马红妙技真奇绝，恼人一曲双飞蝶。顾曲尽周郎，周郎也断肠。卢沟波浪咽，以送南行客。何必惜分襟，千秋共此心。[2]

田汉十分喜欢"蝶双飞"的结尾，但"蝶分飞"似较符合当时的境况。最后，田老不作大改动，以神来之笔，加入关、朱两人的别离对白。

关说，"且忍珍珠落"；朱回答，"休教鸿雁稀"。关叹息道，"鸡声鸣不已"；朱反而乐观地回应，"终有蝶双飞"。[3]

《关汉卿》剧本一纸风行，更被译成英、日、俄文出版。

1　田申：《我的父亲田汉》，158 页。

2　田申：《我的父亲田汉》，158 页。

3　田申：《我的父亲田汉》，159 页。

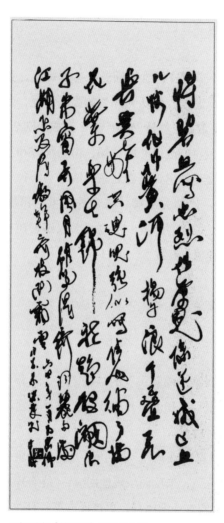

田汉手书《关汉卿》剧作的曲词

彩色戏曲艺术片

關漢卿

原著：田汉
导演：徐韬
摄影：陈襄
工：丁辰祥

主演：红线女
马师曾
广东粤剧院演出
上海海燕电影制片厂
广州珠江电影制片厂 聯合攝製

中國电影發行放映公司發行

广东粤剧名伶马师曾和红线女主演
的《关汉卿》电影海报

但寒风悄悄吹起，初时不易感觉到。1965 年 1 月，全国政协四届一次会议举行，田汉在文艺界代表的座谈会上受到批判。1966 年 1 月，有署名的文章直指：田汉的《谢瑶环》是一棵大毒草。同年 7 月，田汉被集中到社会主义学院接受"教育"和"批判"。[1]

1966 年 12 月 4 日，一个寒冬的夜晚，一帮身份不明的人闯入田汉家，硬将他押走。翌年初，有关方面成立了"田汉项目组"，对他进行审讯和逼供。同时，田汉全家亦受到株连，被抄家隔离，家中只剩得田汉九十多岁的母亲终日倚门盼儿归。[2]

1975 年 5 月 29 日，"四人帮"的项目组召集田汉的家属宣布"结论"：判定田汉是"叛徒"，已被"开除党籍"，1968 年12 月 10 日死于狱中。[3]

"四人帮"倒台后，田申追查父亲被逼害的情况。原来项目组要田汉交代和认罪，田汉直率表白无罪可认，因而受到凶残对待。后来，田汉因糖尿病、高血压、心脏病被送入 301 医院，但项目组登记的姓名是"李伍"。据医院一位护士回忆："李伍"被二十四小时监视，警卫对他特别狠。印象最深的一点，是他被整得很傻。还听他说过，很想回去看年迈的母亲。[4]

1979 年 4 月 25 日，党中央为田汉平反昭雪，召开追悼大会，来悼念的人挤满公墓礼堂，包括当年的战友夏衍、阳翰

1　田申：《我的父亲田汉》，166 — 168 页。

2　田申：《我的父亲田汉》，169 页。

3　田申：《我的父亲田汉》，前言。

4　田申：《我的父亲田汉》，171 页。

笙、陈白尘等，还有许多学生弟子。胡耀邦等中央首长也赶来参加，年迈的宋庆龄副主席、邓颖超副委员长参加了整个追悼仪式，场面哀感。悼词由沈雁冰宣读，高度赞扬了田汉的一生。没有骨灰的骨灰盒，里面放着田汉的一副眼镜、一支钢笔、一方印章、一本《关汉卿》和《义勇军进行曲》。[1]

田申坚毅地向世人诉说："父亲在'四人帮''莫须有'的罪状下，受尽折磨，含愤惨死，最终骨灰无存！但这又有甚么关系？他的精神永在！"[2]

是的，田汉精神永在，作品长存，是真不朽！

中国昆明、日本藤泽建碑纪念聂耳

聂耳魂断日本神奈川县藤泽市鹄沼海滨，其骨灰送还家乡，并于 1937 年安葬在昆明西郊面对滇池的西山美人峰。

其后，云南省的文学、艺术、音乐界人士为追怀乡梓音乐奇才聂耳，发起建亭作纪念。1940 年底，在昆明城北螺峰山巅建成一座飞檐云亭，取名"聂耳亭"。这里曾是聂耳早晚练琴的地方，故选址于此。亭的左右嵌有赵式铭撰的对联：

酒罢客将归，翠海苍茫斜照紫；
曲终人不见，素峰渺霭暮烟青。

1　田申：《我的父亲田汉》，178 页。

2　田申：《我的父亲田汉》，269 页。

昆明西山的聂耳墓

昆明墓园聂耳雕像

昆明聂耳墓园

郭沫若为聂耳墓书写的碑文

抗日战争期间，昆明受空袭，亭子被震倒。解放后，政府拨款重建，但十年"文革"，"聂耳亭"再倒下。1980年，政府再拨款在原址依原样重建，"聂耳亭"又再次挺立。[1] 游人可以在亭间休憩，缅怀聂耳的一生。

而1954年中央人民政府在昆明西山重修了聂耳墓，并由郭沫若撰书碑文，上半段的颂词是：

聂耳同志，中国革命之号角、人民解放之鼙鼓也！其所谱《义勇军进行曲》已被选为代用国歌，闻其声者莫不油然而兴爱国之思，庄然而宏志士之气，毅然而同趣于共同之鹄的。聂耳乎，巍巍然共与国旗并寿而永垂不朽乎！[2]

1980年，昆明市人民政府在西山重建聂耳墓。1985年7月17日聂耳逝世五十周年，再扩建聂耳墓园，并于墓前竖立汉白玉聂耳像，供游人瞻仰。

第二次世界大战终结，日本战败，国家重新出发，全面改革。日本一些左翼组织痛定思痛，厌恶军国主义，认清路向，推动和平，尤其重视发展中日友好关系的工作。

1949年秋，当藤泽市的市民知道中华人民共和国国歌的作

1 聂耳、冼星海学会：《纪念聂耳诞辰七十周年文集》，内收张械撰《聂耳亭》一文，138页。

2 聂耳、冼星海学会：《纪念聂耳诞辰七十周年文集》，内收韩冈觉撰《聂耳在日本》一文，202—203页。

曲者聂耳就是在鹄沼海滨遇难的，便发起募集资金，在鹄沼海滨修建"聂耳记念碑"[1]。但当年的日本政府极力反对，多方刁难，暗中破坏，使得建碑的工作困难重重。藤泽市人民顶着困难，终在 1954 年 11 月 1 日建成"聂耳记念碑"。正巧中国红十字会代表团访日，因而出席了纪念碑的落成仪式。

可惜两年之后，强台风卷起巨浪直扑鹄沼海岸，房舍和建筑设施都受到严重破坏，"聂耳记念碑"的主体部分也被卷走。然而，藤泽市的人民对聂耳的感情未减，敬意犹存，1963 年 6 月 1 日组成"聂耳记念碑保存会"。1965 年 2 月，再次募捐，誓要重修"聂耳记念碑"。他们请来著名石雕设计师山口文象为纪念碑作总体设计，又越洋邀请郭沫若题书"聂耳终焉之地"的碑铭。同时，在 1954 年第一次建碑时由曾经与聂耳有旧的左翼剧作家秋田雨雀撰写了碑文，但秋田已逝，便请来大书法家丰道春海书碑。[2] 碑文所记：

这里是中华人民共和国的作曲家聂耳终焉之地。他于 1935 年 7 月 17 日避暑至此，在游泳时突然被海涛吞没，成为"不归之客"。聂耳于 1912 年出生在云南，曾师事欧阳予倩。在二十来岁的短暂生命中，他为讴歌中国劳动大众写下了《大路歌》《码头工人歌》等大作。现在成为中华人民共和国国歌的《义勇军进行曲》，也是他作的曲。今天我们如果竖起耳朵，似乎仍

1　日文以"记念"为"纪念"。以下藤泽市立的纪念碑皆作"聂耳记念碑"。
2　聂耳、冼星海学会：《纪念聂耳诞辰七十周年文集》，内收韩冈觉撰《聂耳在日本》一文，195 页。

日本藤泽市竖立的
"聂耳记念碑"

由剧作家秋田雨雀
撰、书法家丰道春海
书写的碑文，1965
年镌刻

1985 年扩建"聂耳记念碑"广场，在祭台上新增聂耳的半身浮雕像

1965 年郭沫若题写的"聂耳终焉之地"

藤泽市市长叶山峻于 1986 年撰写的《聂耳记念碑的由来》

然可以听到聂耳那解放亚洲的乐声吧！

这里是聂耳终焉之地！

一九五四年十月

秋田雨雀撰

丰道春海书 [1]

9月，"聂耳记念碑"重建完竣，藤泽市数千人参加了盛大的揭幕式。

日中文化交流协会会长中岛健藏先生为新落成的纪念碑撰文称：

被议定为中华人民共和国国歌的《义勇军进行曲》，使聂耳成为不朽的名字。但是，使聂耳之名成为不朽的决不只是这一曲之功，而且也不仅仅是因为他在短暂的一生中留下了一批音乐作品。成为他艺术活动源泉的是他对中国革命的炽烈感情和献身精神。因此，聂耳的永垂不朽的形象才不动摇地确立起来。

聂耳被揭载在中国革命音乐史的第一页。在言及中国革命音乐时，不能离开聂耳的名字，这是理所当然的。并且，单单称为先驱者显然是不够的，不可忘记的是：聂耳和他的战友们

---

1 笔者据日本碑文译出。其中"曾师事欧阳予倩"句，是指聂耳于1928年11月底，急于报国而参加"学生军"，辗转来到广东，终因与自己憧憬的不一样，于1929年4月离队，考入欧阳予倩主持的演剧学校音乐班。但入学后，始知只是教授粤剧，又与兴趣不合，即退学离校。不久，返回昆明。

所开辟的道路延续至今，形成中国革命音乐发展的路线，成为中国革命音乐发展的基础。[1]

20世纪80年代出任神奈川县藤泽市市长的叶山峻先生，一家人世代致力日中友好事业，为建立、重建和保存"聂耳记念碑"做过巨大贡献。他的父亲亦曾经是藤泽市市长，是建立"聂耳记念碑"的发起人。他的母亲运用文笔为日中友好和建碑做了大量的推广工作。叶山峻当上市长后，兼任"聂耳记念碑保存会"会长。1980年，他率领藤泽市日中友好代表团访华，提议藤泽市和昆明市结为友好城市。[2]

1981年11月，昆明市和藤泽市缔结为友好城市的签字仪式在日举行，聂耳的三哥聂叙伦随团赴日。11月4日，他们的代表团一行六人，在藤泽市市长叶山峻和各界人士一百多人的陪同下，瞻仰了"聂耳记念碑"。聂叙伦凝视弟弟聂耳的塑像，默默地说：

四弟啊！请你原谅，隔了半个世纪，我才到你殉难的地方来。我们是多么怀念你啊！这束鲜花，是你的两个哥哥和子侄们献给你的，弟弟，安息吧！[3]

1　聂耳、冼星海学会：《纪念聂耳诞辰七十周年文集》，内收中岛健藏撰《写在聂耳纪念碑重建之时》一文，128—129页。

2　聂耳、冼星海学会：《纪念聂耳诞辰七十周年文集》，内收韩冈觉撰《聂耳在日本》一文，198页。

3　聂耳、冼星海学会：《纪念聂耳诞辰七十周年文集》，内收聂叙伦撰《聂耳是日本人民喜爱的音乐家》一文，187页。

日本藤泽市的政府和人民，不畏艰巨，不怕辛劳，建造守护"聂耳记念碑"，是值得敬佩和感谢的。中国到日本交流和比赛的团体，如中国作家协会代表团、中央民族歌舞团、中国舞蹈家代表团，以及体育运动的中国乒乓球队、中国男 / 女排球队、中国体操队等，都会专程前往藤泽市的鹄沼海滨拜谒"聂耳记念碑"，而藤泽市纪念碑保存会的工作人员总是认真热情地接待。

藤泽市还将 7 月 17 日定为当地年中行事的"碑前祭"。在这一天，"聂耳记念碑保存会"和日中友协藤泽市支部一同举办纪念聂耳的活动，包括专题报告、专题音乐会等。他们对聂耳那种虔敬之情，实在令人感动！

聂耳逝世五十周年（1985 年），藤泽市在纪念碑前新铸了聂耳半身像。借着这个机会，1986 年 3 月，市长叶山峻撰写了《聂耳记念碑的由来》，镌刻在纪念碑前。叶山峻市长在结语时深情地说：

深信聂耳的雕像永远在这里展露微笑，成为日中友好的础石。[1]

词曲尽壮美，化成蝶双飞

田汉、聂耳两大才子，在国家危亡之秋、自身陷险之际，

---

1 笔者据日本碑文翻译。

仍能抢时间联手，创制出媲美法国国歌《马赛进行曲》的《义勇军进行曲》，缔造不朽之作。

田汉写《关汉卿》，最费思量的是让狱中的关汉卿和朱帘秀唱罢"蝶双飞"，获准一道走，以喜剧收场，还是"蝶分飞"，以悲剧结尾。最终，田汉还是听从周恩来总理的意见，认为元朝的衙门是绝对不会让二人一道走的。我忽有奇想，若将彩蝶移作田汉、聂耳，他们每当听到国歌奏响之时，便会翩翩飞来，欢快地起舞，那也是一幕"蝶双飞"啊！

田汉和聂耳，其命运和背景，恰似同出一条莲心。二人都是年幼失怙，由守寡的母亲抚养成人，所以侍母甚孝。缘于此，他们同样刻苦、勤奋、好学，而且都有一颗赤子之心，为民族、为国家，忘我地笔耕谱曲。悲惨的是二人不幸身死，都没有亲人、朋友在旁；离去之时，他们至爱的母亲仍朝夕倚闾而望。

田汉是被折磨而死的，具体是怎样死去无法知道，是大不幸，其悲剧一如他自己笔下的谢瑶环。但愿这样的浩劫一去不返！

聂耳浮游鹄沼海滩，被"海龙王"召去，当年已有很多艺友不认同、不相信。《风云儿女》的导演许幸之，在二十年后撰文回忆聂耳，仍然觉得谜底未解："聂耳的死，究竟是被敌人暗害，还是游泳出了毛病？到现在仍然是个谜。"[1]

1954 年 2 月，云南省文化局维修聂耳墓，请郭沫若撰写碑

1　许幸之：《多年的愿望终于实现了》，收录在《聂耳——从剧本到影片》，435 页。

聂耳终焉之地，日本神奈川县鹄沼海滨

"起来！"我们的国歌

文。在结尾时，对聂耳之死，郭沫若直率地写下：

1935 年 7 月 17 日溺死于日本鹄沼之海滨。享年仅二十有四。不幸而死于敌国之憾无极！其何以致溺之由，至今犹未能明焉。

至于日本方面可有研究或资料供作参考？这使我想起岩崎富久男教授来。

岩崎教授在东京明治大学讲授中国现代文学，今已退休。20世纪 50 年代，他从东京迁居藤泽市，并曾出任日中友协藤泽市支部事务局局长。三十多年前，承张正琪兄介绍，我与岩崎教授有数面之缘。当年已闻说他是少有的研究聂耳的日本学者。早在1972 年他已撰写《聂耳小传》，对聂耳遇溺一事，他也作了一些调查，虽然不能算是真相大白，但仍具参考价值。谨译如下：

7 月 17 日下午 2 时左右，（聂耳）游泳中不幸成为不归客。翌日（18 日），遗体被收容在辻堂海岸。

中国方面，因为过于痛悼战斗的革命音乐家之死，部分人相信聂耳是遭受日本反动派虐杀致死。笔者经过调查，藤泽警察署于战后即把有关中国人、朝鲜人的文件焚烧处理掉，一切记录荡然无存。但当年曾协助警察搜寻遗体的青年团员，回顾往事时，表示聂耳的遗体并没有可以认为是虐杀的伤痕。[1]

---

1 参见岩崎富久男：《聂耳小传——中国国歌作曲者的生涯》，收录在《明治大学教养论集》通卷 77 号，1973 年，140 页。

去年，我再去信张正琪兄询问当年神奈川县的报纸可有遇溺的新闻。得到的回答是"没有！"，并解释也许当时新闻界并不知道遇溺的青年人是一位才华横溢的音乐家，便没有报道。

许幸之问："聂耳的死，究竟是被敌人暗害，还是游泳出了毛病？"

这一问，使我想到聂耳那"脑溢血病"来。原来聂耳在明月歌剧社时，一次玩单杠"倒挂金钩"，不小心失手摔倒在地，昏了过去，从此留下一个经常头痛、犯晕的病根。

1933年，聂耳在南京路拍《人生》外景时，突然病发晕倒，需送院治疗。聂耳在9月12日的《日记》追记：

8月30日在南京路永安公司门口发神经病，被送到仁济医院住了七天。医生说是"脑冲血"，叫我不要把这病看轻。曾请了一个神经病专家来和我医治。……9月6日出院，9日搬了新家。请假一月，没有薪水……[1]

10月19日又记：

脑病！缠了一个月，生活发生恐慌。[2]

1　参见《聂耳全集》编辑委员会编：《聂耳全集》，下卷《日记》，513页。

2　参见《聂耳全集》编辑委员会编：《聂耳全集》，下卷《日记》，513页。

1933 年冬，聂耳于养病期间郊游摄

同时，聂耳在写信给母亲时也谈到昏倒的事：

8月30日在永安公司门口昏倒，仁济医院出来，医生说需要长时期的休息，至少六十天，院长写了一封证明给公司，算是请准了假。[1]

蔡楚生回忆与聂耳一同工作时也提到：

聂耳的脑部，过去不幸因曾两度摔伤，一到深夜，血液上升，他就胀得满脸通红和痛苦不堪。往往在这时，他总嚷着"我的脑袋要爆炸了！"。[2]

如果聂耳不是被敌人暗害，郭沫若在碑文中问"何以致溺"，那么聂耳的"脑溢血病"是否可以作为参考呢？当然，作为参考并不就等于确证，仍有待分析和研究。

田汉、聂耳携手创作出的《义勇军进行曲》这首战歌，旋律雄壮，歌词容易上口，大家不期然齐唱"起来！"，一同"前进！"，因而受到中外知音人士的尊崇，最终获推选为中华人民共和国国歌。虽然曾经受到"四人帮"的干扰，近来也曾出现一些杂音，但国歌仍然在庄严的场合奏唱起来！

1　参见《聂耳全集》编辑委员会编：《聂耳全集》，下卷《日记》，141页。
2　参见蔡楚生：《回忆聂耳》，收录在《永生的海燕——聂耳、冼星海纪念文集》，66页。

余音 —— 友好的旋律

日本自炸铁路，阴谋策动"九一八事变"侵华。东北民众组成义勇军反抗，全国起来支持抗日救国，抗日电影《风云儿女》的拍摄率先吹响抗日的号角。电影剧本和主题歌由曾经留学日本的田汉撰写，同时主题歌由聂耳谱成激昂奋进的《义勇军进行曲》，最后的审音定曲还是在日本完成，只是万分不幸，聂耳竟魂断绿波。战后，日本先后由民间组织和藤泽市市长立碑纪念聂耳。日本人十分清楚知道聂耳是创作抗日歌曲的音乐家，他们又有何需要在自己的国家来立碑纪念他呢？这是笔者经常被问到的问题。

为了解答好这个问题，我希望可以亲耳听一听日本藤泽市的"聂耳记念碑保存会"方面的回答。于是联系了住在藤泽市的老友张正琪兄，请他为我约见专研聂耳五十多年的岩崎富久男教授，然后飞赴东京。

5月13日（星期天）清晨8时，我从新宿乘搭小田急线特快列车直奔藤泽市鹄沼海岸驿站。是日阴晴不定，据天气预报中午过后会来大骤雨。列车高速奔驰，仅四十分钟就掠过我留学时代住过的相模大野。9时18分，列车准点停靠鹄沼海岸驿站。甫步出检票口，接车的张正琪兄即迎了上来，我们高兴地握了手，为了不迟到，也不再寒暄，张兄领着我穿过清静的小道，走向藤泽市市民会馆。才五分钟便至，马上看到年已八十四岁的岩崎富久男教授堆着笑容来迎，我忙上前亲切地和他握着手，说："啊，我们已三十多年没见啦！教授还是挺壮健呢！"岩崎教授答："时间过得真快，我已退休很久了！"说着，他拉我坐下："你这次来访，张君已告诉我是什么事，为此，我多约一位朋友来，可以回答你的问题。"话音刚落，他的朋友从外面走进来，岩崎教授即介绍：

"这是'聂耳记念碑保存会'的事务局长古桥宏造先生。"

我们交换了名片，简单地自我介绍之后，我开始提问：

"藤泽市为何要树立'聂耳记念碑'呢？我相信你们是知道他创作了很多抗日歌曲的，但建碑的动机是什么呢？"

古桥先生微笑回答："是为了友好，是为了日中友好！"

他指着他的名片："你看，名片不也写着'聂耳架起了友好的桥梁'吗？"他歇了一会儿再说："当然，我们也非常钦佩聂耳的音乐才华，刚巧他又不幸在这里遇溺成为不归客。所以我们藤泽市便发动募捐集资来竖立记念碑。"

"建碑时可有遇到一些阻力或者是反对之声？"

岩崎教授以其文雅的声调答道："反对之声当然有，那是避免不了的，特别是一些阵亡军人的后人，他们组织了遗族委员会，对建碑当然不满，也想阻止。"

接着，古桥先生介绍当《义勇军进行曲》成为中华人民共和国国歌之后，他们是怎样知道聂耳就是中国国歌的作曲者的经过：

"1950年6月16日，中国出版发行的 *People's China* 杂志内刊出徐迟撰写的 *Nieh Erh——People's Composer* 文章。当时住在藤泽市的福本和夫（前日本共产党中央委员）读到此文，一面请叶山冬子来翻译，一面查核事情的真确。1954年，藤泽

作者和岩崎富久男教授（右）在"聂耳记念碑"前合影

笔者与"聂耳记念碑保存会"古桥宏造事务局长合影

古桥宏造事务局长名片上写有"聂耳架起了友好的桥梁"

"聂耳记念碑保存会"印行的纪念聂耳的宣传品

市金子市长和藤泽商工会议所、鹄沼商工会、观光协会等的主事者，以及日中友好协会藤泽市部和市议长青木保二郎、叶山冬子议员等，发起组织'聂耳记念碑建设会'，由市政府拨出部分捐赠金，再从其他社团和市民中募款，然后在同年的11月1日举行落成的揭幕典礼。适逢中国红十字会会长李德全女士率团来日，便邀请李会长前来鹄沼海滨一同主礼。"

谈到这里，大家都不约而同说趁天还没有下雨，赶快去纪念碑凭吊聂耳。

张正琪兄有事先离去。岩崎、古桥二老本是骑自行车的，因我没有车，他们推着车伴我步行前去，令我有点过意不去。我们边谈边走，不消十分钟，便来到"聂耳广场"。

广场靠北尽处立有四方形纪念碑，碑石的左上方嵌有浮雕的聂耳半身像。碑前有山口文象设计的"耳"字形花岗石祭台，右侧除了郭沫若和丰道春海分别挥毫书写的"聂耳终焉之地"和碑文（见前面介绍）外，又有2010年增置的"聂耳生平"和"聂耳记念碑保存会的活动"的中文碑记。迨2012年，聂耳诞辰一百周年，昆明市赠送了"一曲报国惊四海；两地架桥惠万民"的对联碑刻。

因早上匆匆出门，花铺也未开店，凭吊无花束，只有深深鞠躬以表敬意，岩崎、古桥二老也陪着一起鞠躬。对这两位大半生从事中日友好工作的先生，实在感佩万分！

古桥事务局长在碑前摆着手说：

"每年的7月17日，即聂耳遇溺这一天，我们都会在这里举行'碑前祭'，这已成为藤泽市的年中例行纪念活动。在这一天，日中友好的团体、有心的市民，以及中国大使馆的代表，一同来到碑前献花致敬，其间也会奏起聂耳创作的歌曲。在逢五、逢十周年的日子，纪念活动更加隆重，包括专题报告、专题音乐会和展览会等，同时也会跟昆明市举办互访活动。"

古桥先生还认真地问：

"你会来参加'碑前祭'吗？"

这一刻我切实感受到他们对聂耳充满着一种虔敬之情。这种精神，相信一定会坚守下去、流传下去的！

我想：日本倘能事事以此作楷模，正视历史，坦诚行事，减少猜疑，取信中国，那么中日关系当可正常发展，世世代代友好下去！

附一：追访有关聂耳遇溺的日本资料

这次飞赴日本，重访藤泽市，除了要清楚了解藤泽市建立"聂耳记念碑"的原意之外，另一个目的是要搜访有关日本研究聂耳遇溺的资料和报告。

我在"聂耳记念碑"前听完古桥事务局长的讲解后，移步往登鹄沼桥。其时，风大云厚，我们就让岩崎教授在聂耳广场边等我们。教授打趣地说："我在这里当个看守行李的！"

鹄沼桥架在引地川出海河口之上。河口西侧是鹄沼海滨公园，东侧是县立湘南海岸公园。两个公园的前面是一大片沙滩，也就是弄潮儿、滑浪者爱到的鹄沼海滨浴场。在晴好的日子，向西南方远眺，可以看到雄伟的富士山；东南面则有江之岛浮现眼前。极目南望就是太平洋，近岸呈湾状海岸便是相模湾。

我们登临鹄沼桥时，风势颇狂，稍有凉意，海湾白浪翻滚，随着涛声涌上沙岸，但仍有人在浪涛中畅泳。

古桥先生指着西面的海滩说："在那边游泳要小心，因为海床不平，也有暗涌，所以每隔两三年就会有泳客遇溺，算是危险多发的海滨。"

我在桥上照了几张相，就回到聂耳广场，与岩崎教授会合，一同重返市民会馆。古桥先生带我进入"鹄沼乡土数据展示室"，介绍运营委员会内藤喜嗣副委员长给我认识。内藤展示了一些有关聂耳的资料，并因应我的要求，将资料影印给我，这是十分感谢的。

时近中午，古桥事务局长要回去了，我谢过他。岩崎教授请我到一间华侨开的小餐馆去，吃了一顿清爽的锅巴，然后转往咖啡店，安静地坐下来，开始接受我的访谈。

首先我再一次寻问建立"聂耳记念碑"的动机，教授同样说："主要是为了日中友好！"

我接着问："教授在 1973 年 1 月发表的《聂耳小传》，最后一段谈到你曾经调查过藤泽的警察署，他们在战后把有关中国人、朝鲜人的文件焚烧处理掉，一切记录无存。但你锲而不舍，追访了曾协助打捞聂耳遗体的青年团员[1]，请他们忆述当年

1　日本在一些地方的区域设立青年团，用意是培训青年团员早些适应群体的生活，和睦相处，互相勉励，提升个人修养，继而服务社会。可惜后来被军国主义者利用，成为他们的工具。

的情况。现在这些青年团员都已经作古，教授可以说是唯一采访过他们的人，你可否再详细讲述一下采访的情况呢？"

岩崎教授拿出便条纸来，一边说，一边把要点写出来："那大概是 1962 年（笔者注：聂耳遇溺之后二十七年），我在藤泽市的商店街，即外面那条银座路，挨家挨户地查询，终于给我找到三位曾协助搜寻聂耳遗体的青年团员。其中有渔民之子，因此对海流熟识。发现聂耳遗体的地方是辻堂。那个地方的海床有些斜陷不平，颇为危险。我也爱游泳，所以知道的。据青年团员忆述，聂耳的遗体没有虐杀过的伤痕，仅在口角有

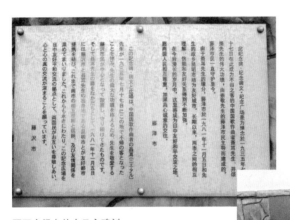

聂耳广场上的中日文碑刻

2011 年昆明市赠送给
藤泽市的对联碑刻

一些血渗出，确实是遇溺致死。其时，尸体上已有海虫（笔者注：岩崎先生特意在纸上写上"海虫"二字，并标注平假名）。"

听到这里，我跟岩崎教授说："根据聂耳及其好友蔡楚生等的回忆，聂耳有'脑冲血'的病史，可能是在明月社时玩儿单杠掉了下来，头撞在地面上得来，所以常会头痛，曾有过突然晕倒送入院的紧急情况。如果在游泳时突然发病，这就凶多吉少了！这有可能吗？"

"啊！你这个研究也是很有启发作用的。"教授沉思了一会，"你也使我想起当年访问昆明的时候，曾听过聂叙伦讲述聂耳在年幼时到滇池游泳，几乎遇溺，幸获救还的往事。另外，我访问上海，当年聂耳的老朋友也忆述和聂耳一同游泳，看见他的泳术不精，曾加以照顾。聂耳的朋友还叹息说，他出事那天，倘若有我们在，一定可以把他救回来！"

世事难料，不应发生却偏要发生，唯叹"天妒英才"，令人扼腕！

我的访谈至此，已是下午 1 时许，是要辞别的时候了。天已下起雨来，岩崎富久男教授坚持送我到车站，深情地挥着手道别，真有点依依不舍……

岩崎教授介绍我参考齐藤孝治著的《聂耳：闪光的生涯》（日本聂耳刊行会发行，1999 年出版），让我读到不少有关聂耳遇溺时的一些资料，现译介如下。

当年聂耳不幸魂断鹄沼碧海，接待聂耳入住其家的滨田实弘全力协助搜索。其后，他将事发当日和捞起聂耳遗体的过程，撰成报告书。是年（1935 年）12 月 31 日，张天虚和蒲风为纪念聂耳，在东京出版了《聂耳纪念集》，收录了由张天虚翻译的滨田报告书，文章题名《聂耳遭难时之情形》。反过来，滨田的日文原件却没有存留下来，因此，张天虚翻译的《聂耳遭难时之情形》成为有关聂耳遇溺的最重要文献。

20 世纪 90 年代，齐藤孝治联系上滨田实弘，说明要采访他，请他再详谈当年不幸的事故。滨田也答应了。可惜在 1997 年 9 月，滨田因癌病急变而离世，使这个"黄金访问"永远也不能实现。

齐藤孝治又想到和聂耳一同游泳的滨田外甥松崎厚，他仍然健在，于是请他回忆当年的情况。

事发于 1935 年，松崎厚九岁，接受采访这一年他七十一岁。松崎厚的舅父滨田实弘和叔公松崎国雄都是舞台的灯光师，受此影响，他也成为灯光设计师。很受聂耳喜爱的松崎厚，详细道出六十年前的如烟往事：

入海游泳之际，我颇长一段时间陪在聂耳身旁。该处水深在聂耳胸口之下。我们二人或浮游，或潜水。

潜水的时候，聂耳一定闭目和用手指按着耳、鼻，吸一口大气，然后蹲下水中潜游，当浮上水面时，"呵、呵"地大力吸气，不停地用手抹着脸。跟着就很得意地对着我笑，十分欢快的样子。

后来，舅母秀子唤我到她那边的浅滩一起游泳。因此，聂耳遇溺那一刻的情况，我并不清楚。[1]

1　齐藤孝治：《聂耳：闪光的生涯》，日本聂耳刊行会，1999 年，563 页。以下所引本书内容均为笔者译。

日本研究聂耳的著述

　　同样是舞台灯光师的朝鲜人李相南，当日也和聂耳一起到鹄沼游泳。事发后，他慌忙打电话告诉比他年长的大坪重贵。大坪也跟聂耳认识。据大坪回忆：

　　接到李君的来电，知道聂耳遇难，当下的冲击，现在仍然记得真是感到"震惊！"，而且悲痛万分。聂君是外国人，一定要把事情处理好，为此，我指示李君：马上叫聂君的朋友跟中国的亲友联系！

　　（大坪赶到藤泽市）也不到滨田家去，直接赶到海滩，不久就见到两位中国人（张天虚、冀林），大家交换了名片。于是我就请他们接办善后之事。

　　由于打捞遗体毫无头绪，当日我独自一人先行返回东京，后来的事情交给他们去处理了。

聂君真是一位有为的青年，很想深交下去……[1]

滨田实弘的报告书中有谈到："对遗体的处理，因事关外国人的事，我们不能作主去做。"看来，滨田等日本人是按照年纪最大的大坪重贵的指示，然后作出这个决定。

藤泽警署在 18 日作的验尸结果，死因是窒息。当初，张天虚等人希望交由横滨的中华民国领事馆来全权处理。但领事馆的态度就如《聂耳遭难时之情形》所说，因为聂耳来日没有办理正式（登记）手续，所以拒绝处理。

不但是张天虚，还有很多中国留学生都一同抗议，但他们都没有响应。藤泽町长大野守卫根据警方完成的死因结果，即于 18 日发出殓葬许可证。如果可行的话，遗体便葬在横滨中区地藏庙的中华民国墓地。但中华民国领事馆拒不办理。在情急之下，便把遗体送到藤泽火葬场火化。

遗骨一度运到滨田家，其后才由张天虚领回他租住的梶原家安放。

那个时候，滨田实弘、秀子等在聂耳作客住过的房间，特意设了祭坛，以小提琴供奉，作为对一位天才英伟而又可亲的青年人表示最后的惜别。厚也面向聂耳的遗骨合十礼拜。[2]

就聂耳的死讯，当年的《朝日新闻》作了简单的报道：

1　齐藤孝治：《聂耳：闪光的生涯》，563 — 564 页。

2　齐藤孝治：《聂耳：闪光的生涯》，566 页。

（7月18日社会版面）民国学生溺死？（藤泽电话）：东京神田今川小路中华民国青年会寄宿舍学生聂守信（二十四），于16日下午2时左右，在神奈川县鹄沼海水浴场游泳失踪，现在藤泽（警察）署正进行搜索。[1]

以上报道有两处误报：一、聂耳不是住在宿舍，而是住在张天虚租住的梶原家；二、事发时间不是16日，而是17日。

后来尸体捞起，中华民国领事馆拒绝办理等的消息，报纸都没有进行跟进报道，相信当时日本并不知道溺死的是一位中国天才音乐家，以致年底的12月21日，《朝日新闻》才刊出秋田雨雀的文章《在日本的支那现代剧》：

……有现代中国天才作曲家之称的聂耳，今年7月17日在前赴巴黎留学途中，前往神奈川县鹄沼海岸游泳时遇溺，这在日本一般的社会人士当然不知道，就连演剧艺术家、音乐家也不知道。但聂耳在日本遇难，在中国的艺术界以及一般的人士对此都感到非常震惊。我最近接连听了他的唱片两次，虽然不明白曲中含意，但真实感受到乐曲是强而有力的。[2]

另外一个关键人物李相南，他的情况怎样？据岩崎富久男教授以及齐藤孝治的著书所述，他回朝鲜之后，就音讯全无。

---

1 齐藤孝治：《聂耳：闪光的生涯》，567页。

2 齐藤孝治：《聂耳：闪光的生涯》，567页。

齐藤孝治在其所著《聂耳：闪光的生涯》的最后一页写道："李相南如早前预定成为（朝鲜）京城国立剧场的照明主任。他委托大坪重贵将其藏书寄送回京城。但日本战败后，在一片动乱中，李相南音讯全无。有说是进了朝鲜民主主义人民共和国继续从事其照明工作，但具体情况不得而知。"

随着聂耳遇溺时有关人物全部离世，聂耳人生最后的一天亦告落幕，但他光辉的一生仍然闪耀着，他的音乐旋律还是远近可闻，永远被传唱！永远、永远……

附二：出席藤泽市的"碑前祭"

2019 年 7 月 17 日，我践约飞抵藤泽市，出席日本藤泽市一年一度纪念聂耳的"碑前祭"。

犹记去年（2018 年）5 月 13 日，我到藤泽市搜访资料，古桥宏造事务局长在"聂耳记念碑"前为我讲述建碑的艰辛史，道出每年 7 月 17 日聂耳遇溺的这一天都会举行"碑前祭"。他还认真地问我："你会来参加吗？"当时，我稍为犹豫，没有爽利回答。

去秋，《"起来！"我们的国歌》香港版出版了。我将新书寄呈岩崎教授和古桥事务局长，受到他们的称许。今年初，当知道拙著将会刊行内地版时，我不禁想起今年正值建国七十周年，也即是《义勇军进行曲》成为中华人民共和国国歌进入第七十年，何不趁此机会，飞赴藤泽市，参加"聂耳记念碑"的"碑前祭"，然后将这天的祭祀活动补上有意义的一笔，为内地版增添动人的一页，相信读者也会乐见的。

日本藤泽市每年 7 月 17 日在"聂耳记念碑"前举行"碑前祭"

日本藤泽市铃木恒夫市长致辞

中国驻日大使馆政治部公使参事官杨宇致辞

日本藤泽市消防音乐队演奏《义勇军进行曲》

7月17日前夜，我从关西乘搭新干线驰至新横滨站，再转东海道线抵达藤泽市。我租住了车站前的相铁酒店。

连日来阴雨，雨势有时颇大，间中更打雷。明日的天气会是怎样？大家都在担心。

7月17日晨早8时半，约好了岩崎富久男教授和张正琪兄在鹄沼海岸车站集合，大家都准时来会，随即移步海边，向着聂耳广场方向走去。其时，天色明亮，因连日多雨，驱走了暑气，感觉甚为舒服。我们边走边谈，带点兴奋，欢快非常。

"碑前祭"于上午9点30分举行，我们8点45分已抵达。在此空当时间，厚谊隆情的岩崎教授拉着我，介绍日中友好人士和学者给我认识。其中有神奈川县日本中国友好协会理事小松碧、藤泽市都市亲善推进员高木丽子和冈崎雄儿教授，更有田汉侄女田伟的丈夫李明晓。李明晓热情地说："可惜田伟这次没有来，你送我的书我会转给她看，她一定高兴！将来再介绍你们认识，多作交流。记紧保持联系啊！"

"碑前祭"即将开始，阴云渐散，天色稍为放晴。其时，嘉宾鱼贯而至，或列坐，或站立，总计有三百多人。

"碑前祭"由事务局长古桥宏造主持。首先由"聂耳记念碑保存会"渡边均副会长宣布"碑前祭"开始，继由"保存会"会长渡边光雄致开会词，又请藤泽市铃木恒夫市长致辞。

接着古桥事务局长介绍主要宾客，包括：

中华人民共和国驻日大使馆政治部公使参事官杨宇以及政治部参事官倪健和其他九名使馆人员，藤泽市议会加藤一议长、藤泽市教育委员会平岩多惠子教育长、藤泽市都市亲善委员会增田隆之会长、湘南日本中国友好协会柳田秀宪会长、神奈川县日本中国友好协会上岛保则副会长等。

来自云南、在今年举行的"彩云基金日本语演说比赛"胜出的两位大学生在掌声中起立，她们是云南大学二年级学生王明宇和云南师范大学三年级学生胡欣雨。同时也介绍了笔者。

紧接着古桥事务局长请杨宇公使参事官作为来宾代表致辞。杨公使简述聂耳的一生和那个战火的年代，并感谢藤泽市举办这样一个别具意义的"碑前祭"。

接着下来是全体起立，面向聂耳雕像默祷。默祷完毕，即由藤泽市消防音乐队演奏中国国歌《义勇军进行曲》。

最后是献花的仪式。与会者排着队顺序来到碑前鞠躬、献花、献花、鞠躬……

藤泽市的"碑前祭"，规模虽然比较小，但感觉仍然是庄严有序的；演奏的乐队虽然不是大乐团，奏起音量来不是很雄壮，但毕竟这是异国的一座小城，能为纪念我们国歌的作曲者聂耳而举办祭祀活动，确是非常了不起的事情。而且每年都举办，年复一年，既长且久，这又是多么难能可贵之事。我真要感谢"聂耳纪念碑保存会"和一批日中友好人士的一番情意，还有他们的坚守精神，甚至换了世代，依然不忘不弃地传承下去，实在令人肃然起敬。

"聂耳架起了友好的桥梁"，这是印在古桥宏造事务局长名片上的勉语金句。但愿这座中日友好之桥，能够飞架到日本的都道府县去，并能世世代代永续！

2019 年 7 月 28 日

中华人民共和国国歌大事历程

1931年　9月18日，日本在沈阳发动侵华的"九一八事变"。其后，东北组成义勇军抗敌。

1932年　1月28日，日军突袭上海闸北的中国驻军。蒋光鼐、蔡廷锴率十九路军还击，爆发淞沪抗日战争。聂耳到前线看到十九路军英勇抗日，想到要有抗战的音乐。

　　　　4月22日，田汉和聂耳首次会晤。

1934年　年初，在上海中共文委电影小组的协助下，成立了电通影业公司。

　　　　朱庆澜将军出资赞助"电通"拍摄以义勇军抗日为题材的电影，由田汉撰写剧本。

1935年　年初，电通影片公司迁至上海荆州路405号。

　　　　约于2月初，田汉完成电影剧本梗概并创作了主题歌（即后来的《义勇军进行曲》）歌词。

　　　　2月19日晚上，田汉被捕。

　　　　夏衍将田汉的"梗概"写成电影剧本，并改名为《风云儿女》，由许幸之当导演，开始拍摄。影棚就在荆州路405号。

3 月中旬，聂耳开始为《义勇军进行曲》作曲。初稿完成后，向许幸之征求意见。

4 月 15 日，为逃避国民党政府的缉捕，聂耳乘船赴日。

5 月初，聂耳将《义勇军进行曲》定稿，由东京寄回上海。贺绿汀为《义勇军进行曲》配乐，俄籍音乐家阿甫夏洛莫夫配器。上海百代唱片公司出版发行《义勇军进行曲》唱片。

5 月 24 日，电影《风云儿女》在上海金城大戏院首映。《义勇军进行曲》由此传唱到全国各地。

7 月 17 日下午，聂耳在日本神奈川县藤泽市的鹄沼海滨游泳，不幸遇溺离世，终年仅二十四岁。同年秋，聂耳骨灰被护送回上海。

1936 年　聂耳骨灰由其三兄聂叙伦迎回昆明。

6 月 7 日，刘良模在上海公共体育场带领"民众歌咏会"高唱《义勇军进行曲》，数千人参加。

1937 年　7 月 7 日爆发"卢沟桥事变"，日本全面侵华，中国军民奋起抗战，《义勇军进行曲》成为鼓舞抗日的著名军歌。

聂耳骨灰安葬在昆明西郊美人峰。

1940 年　刘良模在美国传唱抗日战歌，教晓美国黑人歌手保罗·罗伯逊用汉语唱出《义勇军进行曲》，并灌录成为《起来——新中国之歌》的唱片。宋庆龄女士为唱片撰写了英文序言。

1944 年　美国国务院准备在战胜德意日轴心国之际，奏放同盟国各国的代表歌曲以示庆祝。《义勇军进行曲》被选作中国的代表曲。

1949 年	6 月 15 日，新政治协商会议筹备会通过："拟定国旗、国徽、国歌"由第六组负责。组长马叙伦，副组长叶剑英、沈雁冰，组员有田汉、郭沫若等。
	7 月 16 日，在全国各大城市的报章刊登征求国歌词谱的启事。
	8 月 5 日，通过聘请专家马思聪、贺绿汀、吕骥、姚锦新为选委会顾问。应征的乐曲有六百三十二件，歌词六百九十四件。
	9 月初，因应征的稿件未能达到选委的要求，转而集中从已经广泛传唱的爱国歌曲中遴选。徐悲鸿建议用《义勇军进行曲》来暂代国歌，刘良模也赞成力荐。
	9 月 25 日晚上在中南海举行协商会，毛泽东、周恩来也有出席。《义勇军进行曲》已被认同用作暂代国歌，只是是否改换歌词而有不同意见。最后，周恩来认为旧歌词才能鼓动情感。即通过仍用旧歌词。
	9 月 27 日，政协第一届全体会议表决通过："国歌未正式制定前，以《义勇军进行曲》为国歌。"
	10 月 1 日，在中华人民共和国成立大典上，国歌《义勇军进行曲》在天安门广场奏起。
1954 年	中央人民政府在昆明西山重修聂耳墓，并由郭沫若撰书碑文。
	11 月 1 日，日本藤泽市建成"聂耳记念碑"。
1963 年	6 月 1 日，藤泽市的"聂耳记念碑"于 1956 年为台风所毁，藤泽市成立"聂耳记念碑保存会"。
1965 年	9 月，"聂耳记念碑"重建完竣，并刻上由秋田雨雀撰、丰道春海书的碑文，郭沫若也题了碑铭。
1968 年	12 月 10 日，田汉被"四人帮"迫害，死于 301 医院，终年七十岁。

1978 年	3 月 5 日，第五届全国人民代表大会第一次会议通过集体重新填写国歌歌词，弃用田汉的原作歌词。
1979 年	4 月 25 日，中共中央为田汉举行追悼会，由人大常委会副委员长廖承志主持，全国文联主席沈雁冰致悼词。
1980 年	昆明市人民政府在西山重建聂耳墓。
1982 年	12 月 4 日，第五届全国人民代表大会第五次会议通过恢复《义勇军进行曲》为中华人民共和国国歌，撤销本届全国人大第一次会议通过的关于中华人民共和国国歌的决定。
1983 年	2 月 14 日，夏衍为了澄清对《义勇军进行曲》存在的不尽不实流言，撰写了《夏衍谈〈义勇军进行曲〉的来历》，刊于《北京晚报》。
1985 年	7 月 17 日，昆明举行扩建聂耳墓的揭幕典礼。而日本藤泽市亦为纪念聂耳逝世五十周年，在纪念碑前新铸聂耳半身像。
1986 年	3 月，藤泽市市长叶山峻撰写《聂耳记念碑的由来》，镌刻在纪念碑前。
2002 年	田汉的大理石雕像矗立在长城居庸关的驼峰上。
2004 年	3 月 14 日，第十届全国人民代表大会第二次会议通过了《中华人民共和国宪法修正案》，在宪法第一百三十六条增加一款作为第二款："中华人民共和国国歌是《义勇军进行曲》。"
2009 年	9 月 25 日，上海国歌展示馆落成开放，其馆址正是当年拍摄电影《风云儿女》的所在地。
2017 年	9 月 1 日，第十二届全国人民代表大会常务委员会第二十九次会议通过《中华人民共和国国歌法》，并颁布于 2017 年 10 月 1 日起施行。

《中华人民共和国国歌法》

（2017 年 9 月 1 日第十二届全国人民代表大会常务委员会
第二十九次会议通过）

第一条　为了维护国歌的尊严，规范国歌的奏唱、播放和
使用，增强公民的国家观念，弘扬爱国主义精
神，培育和践行社会主义核心价值观，根据宪
法，制定本法。

第二条　中华人民共和国国歌是《义勇军进行曲》。

第三条　中华人民共和国国歌是中华人民共和国的象征和
标志。一切公民和组织都应当尊重国歌，维护国
歌的尊严。

第四条　在下列场合，应当奏唱国歌：

（一）全国人民代表大会会议和地方各级人民代表
大会会议的开幕、闭幕；
中国人民政治协商会议全国委员会会议和地
方各级委员会会议的开幕、闭幕；

（二）各政党、各人民团体的各级代表大会等；

（三）宪法宣誓仪式；

（四）升国旗仪式；

（五）各级机关举行或者组织的重大庆典、表彰、纪念仪式等；

（六）国家公祭仪式；

（七）重大外交活动；

（八）重大体育赛事；

（九）其他应当奏唱国歌的场合。

第五条　国家倡导公民和组织在适宜的场合奏唱国歌，表达爱国情感。

第六条　奏唱国歌，应当按照本法附件所载国歌的歌词和曲谱，不得采取有损国歌尊严的奏唱形式。

第七条　奏唱国歌时，在场人员应当肃立，举止庄重，不得有不尊重国歌的行为。

第八条　国歌不得用于或者变相用于商标、商业广告，不得在私人丧事活动等不适宜的场合使用，不得作为公共场所的背景音乐等。

第九条　外交活动中奏唱国歌的场合和礼仪，由外交部规定。军队奏唱国歌的场合和礼仪，由中央军事委员会规定。

第十条　在本法第四条规定的场合奏唱国歌，应当使用国歌标准演奏曲谱或者国歌官方录音版本。

外交部及驻外外交机构应当向有关国家外交部门和有关国际组织提供国歌标准演奏曲谱和国歌官方录音版本，供外交活动中使用。

国务院体育行政部门应当向有关国际体育组织和赛会主办方提供国歌标准演奏曲谱和国歌官方录音版本，供国际体育赛会使用。

国歌标准演奏曲谱、国歌官方录音版本由国务院确定的部门组织审定、录制，并在中国人大网和中国政府网上发布。

第十一条　国歌纳入中小学教育。

中小学应当将国歌作为爱国主义教育的重要内容，组织学生学唱国歌，教育学生了解国歌的历史和精神内涵、遵守国歌奏唱礼仪。

第十二条　新闻媒体应当积极开展对国歌的宣传，普及国歌奏唱礼仪知识。

第十三条　国庆节、国际劳动节等重要的国家法定节日、纪念日，中央和省、自治区、直辖市的广播电台、电视台应当按照国务院广播电视主管部门规定的时点播放国歌。

第十四条　县级以上各级人民政府及其有关部门在各自职责范围内，对国歌的奏唱、播放和使用进行监督管理。

第十五条　在公共场合，故意篡改国歌歌词、曲谱，以歪曲、贬损方式奏唱国歌，或者以其他方式侮辱国歌的，由公安机关处以警告或者十五日以下拘留；构成犯罪的，依法追究刑事责任。

第十六条　本法自 2017 年 10 月 1 日起施行。

后记

忆昔少年时，正值十年"文革"，每逢节庆奏国歌，全体起立，只听不唱，所以对国歌的认识不够深，仅知作曲者的姓名有点妙趣，共有四只耳朵——聂耳。

后来，东渡日本留学，在东京中华书店当钟点工，与张正琪兄结缘共事。遇有假日，张兄邀我至其家，小住数天。张正琪是第三代旅日华侨，家居藤泽市片濑海岸，面对相模湾，邻接江之岛，风光如画，景色迷人。某日，我和张兄骑上脚踏车，来到鹄沼海滩。但见波光粼粼，游泳健儿在海中浮游，日光浴者在沙滩上静躺，欢笑声此起彼落，果然是一块人人向往的度假胜地。张正琪兄引我到沙滩边，介绍"聂耳记念碑"给我。我读了秋田雨雀撰写的碑文，惊叹聂耳英年早逝。不久，北京传来田汉平反的消息，始知才华横溢的田汉便是《义勇军进行曲》的歌词作者，而他也是留学日本的。从此以后，我开始留心田汉和聂耳这对黄金搭档的逸闻旧事。

2015年9月18日，澳门教育局为纪念"九一八事变"邀请我主讲"九一八与中国国歌"。讲座反应热烈，最后还全体起立，奏唱了国歌。

今年初，我将当年的讲稿整理出来，拟在杂志发表。但因为超出杂志所限字数，未能刊出，香港三联书店侯明总编辑闻悉，不但不嫌其长，反而建议我将搜访得来的资料尽量增补续写，由三联来出版，遂有此书之作，这是我要感谢侯明总编的。侯总又授意李斌编辑来编理拙稿，在此也要向李兄表示谢意。

我执笔撰述此书时，参考了王懿之的《聂耳传》和紫茵的《我们的国歌》，并引用了他们的研究成果，谨向二位表示衷心的感谢！而田申的大作《我的父亲田汉》，资料充实，其中不少鲜为人知的史事启导我更好地描画田汉先生。谨向田申先生表示深切谢意，更要向他致敬，因为他还是一位英勇的战士！

图片资料方面，大多是我参观考察历史纪念馆时拍下的，其中主要有中国人民抗日战争纪念馆、北京宋庆龄故居、上海国歌展示馆等。同时，也引用有我收藏的旧书刊，如1933年在上海出版的《摄影画报》和日本出版的图册，以及一些旧明信片等。谨在此向以上的纪念馆和出版社致以衷心的感谢，并抱歉未能一一致函联系。因此，本书出版后，当寄呈高览，以表谢忱！

我要感谢高孝湛前辈，他本来为我到上海图书馆去影印《北京晚报》，竟然找到他的老朋友蔡康非先生，在网上购得刊出《夏衍谈〈义勇军进行曲〉的来历》那份《北京晚报》，实在令人大喜过望。谢谢蔡先生。

香港城市大学景祥祜教授介绍台湾东海大学图书馆特藏组员谢莺兴教授给我认识。谢教授回台后，马上将一些《三民主义歌》的资料传送给我参考，谨向景、谢二教授表示谢忱。

张正琪兄当然是要感谢的，似乎是他导引了我去研究聂耳，同时经他穿针引线再联系到岩崎富久男教授，其隆情厚意，感铭殊深！至于岩崎教授和古桥宏造事务局长的热情接待，并一同参拜"聂耳记念碑"，给了我很多宝贵资料，谨表深谢！

九十三叟冬春轩（刘桦先生），青少年时正值日寇侵华，铁蹄犯境，为保命弃家出逃，颠沛流离，艰苦困顿，亲历了中华民族那段"最危险的时候"。近闻我有是书之作，欣然赋成五古寄示，铭感之余，谨录如下，并代拟题《感怀田汉、聂耳》：

田汉是好汉[1]，丹心表忠烈；

聂耳有好耳[2]，聪灵分音节。

作曲与写词，中华双人杰；

枹鼛[3]显军威，号角成圭臬；

长城似钢坚，众志如炉热。

恶浪噬英才，牢笼熬智哲；

倚间泪眼枯，念子语凝噎。

劫难事迷离，思之犹惨切；

---

1 洪深曾说过：田汉打不怕，骂不怕，穷不怕，写不怕，是一个硬汉子。据传，徐悲鸿也曾说田汉是一个好汉子。

2 聂耳的耳朵非常灵敏，听觉甚佳，且能摆动，同辈的艺人曾以"耳朵"来呼聂耳。

3 枹，同"桴"，鼓的槌；鼛，音"高"，大鼓。

嘉誉立贞珉，肉香三月绝[1]。

本书付梓在即，我内心耿耿，因为一直未能抽空前往昆明，参谒聂耳墓园。书中收录的昆明聂耳墓园照片，是侯总请她的老同事拍摄传送过来的，也真感谢他们！唯盼拙作出版后，专赴昆明，敬献于墓前。

黄天

2018 年 7 月 30 日

于香港愧书剑斋

去冬，闻拙著获内地多家出版社垂青，拟出内地版，不禁雀跃万分。其后，香港三联书店为我做主，将拙作交北京三联书店梓行。

今年 5 月中旬，我继续搜访资料，由香港乘坐高铁直奔昆明，登上西山，拜谒聂耳墓园，又转至旧城，参观甬道街复原后的聂耳故居。7 月中，我践约专程飞赴日本，出席藤泽市的"碑前祭"，亲身体验日本友好人士对纪念聂耳所倾注的情与义。

回港后，即撰成《出席藤泽市的"碑前祭"》，连同数张图片，电传北京三联书店胡群英编辑，请她补入书内。胡编辑为本书的内地版作了一些资料的核查，也查找出港版的错字，谨

---

1 孔子与齐太师谈乐，"闻韶乐，学之，三月不知肉味"，这里引此典来赞美《义勇军进行曲》。

在此表示谢意。

　　本书能与内地读者见面，我十分高兴，祈盼读者不吝赐正，则感幸无已！

2019 年 7 月 31 日补记